データから考える

教師の働き方入門

辻 和洋／町支大祐=編著　中原 淳=監修

毎日新聞出版

監修者からのごあいさつ
データに基づけ、
しかし、リアルな物語を編め

　本書『データから考える教師の働き方入門』は、1）学校の教育現場に勤める先生方が、2）子どもたちの未来に備える学びを準備するため、3）これまでの働き方を見直し、「持続可能な働き方」に転換していくための具体的な方法を、4）データに基づいてリアルに論じた書籍です。

　本邦の教員が半世紀以上悩まされてきた「長時間労働」の問題。本書は、この難問と「真正面」から向き合い、これを「データ」の力をもって変革するお手伝いをしようとしていることに、最大の特徴があります。
　本書が掲げるデータは、横浜市教育委員会と立教大学経営学部 中原淳研究室の3年間にわたる共同研究の成果です。立教大学経営学部 中原淳研究室は、人材マネジメント・人材開発・組織開発を専門にする研究室です。これまで多くの組織に対する調査を行い、これを現場の方々にお返しし、現場の変革を導くアクションリサーチを志してきました。
　中原研究室にとって、研究とは「現場の変革を志す人々にとっての応援歌」のようなものです。本書においても、研究で取得したさまざまなデータは、横浜の先生方、教育委員会の方々にしっかりとお返しをしてきたつもりです。この研究では、横浜市の30校の小中学校の教員の皆様に、大規模な質問紙調査を行わせていただきました。回答いただいた先生方に、心より感謝を申し上げるとともに、このたび成果として本書を刊行できますことを監修者として非常に嬉しく思います。先生方にご回答いただいた

「データ」こそが力です。本書の主張は、全てそのデータを基に編まれています。

◆

ひるがえってみれば、世間には、いわゆる教員の働き方改革の書籍は、すでに多くのものが出版されています。そのような現状にあって、私たちは、なぜ、新たな書籍を、ふたたび編まなければならないのでしょうか。それは、既存の書籍とは異なる形で、私たちなりの強みが活かせるのではないかと感じたからです。

既存の書籍の多くは、1）教育行政の施策を代弁するだけの書籍、ないしは、2）教育現場の実状や、長時間労働が生まれる経緯や背景を全く無視して、西欧諸国並みの労働時間を実現することだけを声高に主張するもの、3）教育行政を仮想敵にして、現場が長時間労働に陥っている状況を嘆くもの、4）学校経営の「私の経営論」を絶対の基準にして、長時間労働是正のマネジメントを論じるもの、のいずれかだと、私たちは認識しています。もちろん、そうした書籍も有用な知見を提供していることは言うまでもありません。しかし、一方で、ここに、私たちなりの強みを活かすことにいたしました。

それが、本書が掲げる特徴である「データに基づく」という部分です。そして、それらのデータが、教育委員会との共同研究によって取得できた、実際の教育現場からもたらされたものである、という点において、本書は、類書との大きな差異を持つものと思われます。

しかし単に、「データに基づく」ということだけであれば、監修者として本書を読者の皆様に自信を持って推薦することができないのかもしれません。データは「数字」です。物事を変革することに「数字」は有用ですが、しかし、それだけではやはり欠乏感を感じざるを得ません。そこにもう一つ必要なものとは何か。

それは「物語」です。

本書の特徴の一つは、「データの背後」に「リアルな物語」を持つということです。

　編著者の辻和洋さんは、もともと読売新聞社で記者をしていました。切った張ったの取材で培った辻さんの丹念な取材力、現場を見つめる目は、本書にもおいてもいかんなく発揮されています。またもう一人の編著者である町支大祐さんは、研究者になる前は、横浜市の中学校で現場の教員をなさっていました。教育現場で培った子どもや教師を見つめる町支さんの温かい目は、本書にいかんなく発揮されています。本書冒頭で編まれているルポルタージュ、また、調査報告の段において時折差し挟まれている「現場の先生方の生の声」から編著者たちが編んだ「リアルな物語」を見てとることができます。

データに基づけ、しかし、リアルな物語を編め

　これが、横浜市教育委員会と中原研究室が取り組んだ共同研究の特徴であり、また、本書をつらぬく本当の特徴なのかもしれません。

◆

　最後になりますが、本プロジェクトを遂行プロセスでは、著者リストに名前は連ねてはいないものの、多くの皆さんのご尽力とご協力をいただきました。横浜市教育委員会・教職員育成課の立田順一さん、柳澤尚利さん、外山英理さん、松原雅俊さん、根本勝弘さん、飯島靖敬さん、野口久美子さん。大学側は、辻和洋さん、町支大祐さん、飯村春薫さん、本当にお疲れさまでした。

　対談章では、軽井沢風越学園設立準備財団の岩瀬直樹先生、大阪市立上町中学校の杉本直樹先生、横浜市立日枝小学校の住田昌治先生、横浜市教育委員会の立田順一さん、島谷千春さんにもご登場いただく機会を得ました。ありがとうございます。また質問紙調査にご回答いただいた横浜市の先生方に心より感謝いたします。

毎日新聞出版の編集者、久保田章子さんには、辻和洋さんと町支大祐さんという若い二人の編著者との伴走をいただきました。あわせて心より感謝いたします。ありがとうございました。

「生き生きと働くことのできる先生方」の「すぐその先」には、「未来を担う子どもたち」がいます。
　教育現場に、さらなる「働きがい」と、「よき学び」が生まれますことを願っています。

　蔦の絡まるレンガの建物が美しい、立教大学にて
　2019年2月

立教大学経営学部教授　**中原　淳**

はじめに

　働き方改革は、教員の皆さんを幸せにしているでしょうか。

　教員の働き方は、学校にとって、今や最も大きな話題となっています。これまで日本の学校は「忙しい」とされながら、高い成果を上げてきました。国中どこでも公教育が受けられ、PISAなどの国際学力調査でもトップクラスの成績をおさめてきました。こうした質の高い教育を支えてきたのは、現場で奮闘する先生方の尽力だと言えます。

　しかし、こうした充実した日本の教育は、教員の方々の生活を顧みない働き方の上で成り立ってきたとも言えないでしょうか。今や、教員の中には「労働環境はおかしい」とメッセージを発し、部活動顧問をボイコットしたり、教育委員会を訴えたりする方も出てきています。

　国や自治体が答申やガイドラインを策定し、働き方の是正を促しています。しかし、多くの学校では、なかなか変化は起きていません。うまく変えていけない現状に苛立ちを覚える方、反対に「働き方改革」に怒りやしらけ、あきらめを感じている方もいます。

　現状では、働き方改革が教員の皆さんを幸せにしているとは言えないのかもしれません。

　働き方改革で最も大切なことは、「自分の働き方を、自分で決める」ことだと考えます。先生方一人ひとりが腹落ちすることなく、改革が進めら

れれば、職場に混乱を招くことにしかならないのかもしれません。多様な先生が同じテーブルで議論し、納得して改善策を実践する、そんな状態が求められます。

　本書は、教育現場の最前線で働く先生方が、明日の働き方を見直すための議論の出発点となるような素材を提供しています。具体的には、横浜市教育委員会と中原淳研究室の共同研究「持続可能な働き方プロジェクト」による教員調査で明らかになったさまざまなデータをひも解き、解説しています。
　調査の特徴は、働き方の実態解明と同時に、改善案を検討できるデータを扱っている点にあります。勤務の状況や心身に関する項目とともに、職場の特徴や風土、教員個人の意識、働き方の工夫に関する項目も尋ねました。それにより、労働や心身の状態の背景にある他の項目との関連性を分析できました。調査に回答いただいた先生方には心より感謝申し上げます。

　「持続可能な働き方プロジェクト」は、2017年4月に発足し、現在も調査・研究を少しずつ積み上げています。目的は、教員の多忙化解消を図るための実態調査とそこで明らかになったデータに基づく研修の開発です。プロジェクトメンバーは、月に2～3回ミーティングを重ね、簡単には答えの出ない問いと向き合い、試行錯誤する日々を過ごしてきました。
　国や地方自治体から出されている各種データを参照しながら、毎月のように学校現場を訪問させてもらい、校長、副校長、教員の方々へのヒアリングによって生の声を聞かせていただきました。質問紙での調査項目を検討するにあたり、こうした現場の声は大いに参考になりました。ただでさえ多忙な毎日の中で、時間を割いて切実な思いを語ってくださった先生方に深く感謝いたします。
　データ分析は長期間に及びました。主に分析を担った編著者の辻と町支は1年かけて多様な分析を行ってきました。数字からわかる学校を見つめ、それを多くの人に伝わりやすい形で表現できるよう工夫を凝らしました。

編著者の一人である辻は、もともと、新聞記者であった研究者です。記者経験を生かし、学校現場に密着して「教育の今」をストーリーとして描きました。その一方で、データ分析をし、バランス感を持って調査に向き合ってきました。ストーリーでもデータでも調査に向き合う姿勢は変わりません。いつも心にあるのは「現場」です。

　もう一人の編著者である町支は、もともと、中学校教員であった研究者です。当事者であったからこその心と、研究者としての目の両方でデータを見つめ、「現場」にとって意味ある知見を紡ぎ出すことに力を尽くしてきました。

　本書は、序章と1〜5章で構成されています。

　序章は「『忙しい先生』たちの毎日」に迫った教員のストーリーです。小中学校の教員4名を取り上げ、日常の働き方を心理描写とともに詳細に描いています。これからの働き方を考える前に、一般的な教員の仕事のイメージを理解し、自身の働き方を振り返ってもらうための章となっています。

　第1章は「なぜ今働き方を考えるのか」を解説します。まずは、働き方改革に対して教員間で生じているさまざまな葛藤について着目しています。その上で、それらの葛藤を踏まえたとしても、なぜ今、働き方について考えるべきなのかをまとめました。

　第2章は「数字で描く教員のリアル」として、データから浮かび上がった教員の働き方と意識について解説しています。また、長時間労働をしている教員に焦点をあて、個人と職場の特徴をデータからまとめています。

　第3章は「データから考える働き方改善」として、長時間労働の抑制のための対策について検討します。個人でできること、職場としてできることについて、データを基に考えていきます。

　第4章は「働き方を見直すアイデアとポイント」を紹介します。ここでのアイデアは横浜市教育委員会が公開している「横浜市立学校　教職員の働き方改革プラン」「教職員の負担軽減ハンドブック」「教職員の負担軽減

ハンドブック2」「働き方改革通信"Smile"」を基に本書の内容に合わせて再構成したものです。実際に学校で実践されている事例も多く紹介しています。

　第5章は「対談～現場から見た教員の働き方～」として、現場で活躍する先生方と監修者の中原淳教授が対談し、さまざまなテーマで働き方について語り合っていただきました。また、特別対談として、横浜市教育委員会のお二人が行政の立場から働き方改革について話し合ってくださいました。

　なお、本書では「教員」という言葉を主に使用していますが、文脈に応じて「教師」や「先生」という言葉を用いています。

　本書は、データとストーリー、質、量ともに余すことなく知見を盛り込んでいます。そこには、現場の先生方が置き去りになるような、実態なき改革には、決してしたくないというプロジェクトチームの思いがあります。

　データは単なる数字ではありません。先生方が思いを乗せた「内なる声」であり、一つの物語であると考えています。

　調査で明らかになった知見を、学校現場にお届けいたします。

立教大学池袋キャンパスにて
2019年2月

編著者　辻 和洋・町支大祐

データから考える教師の働き方入門 　目次

監修者からのごあいさつ
データに基づけ、しかし、リアルな物語を編め ……………… 3

はじめに …………………………………………………………… 7

序章　「忙しい先生」たちの毎日

ケース1　忙しくても手は抜かない！仕事と家庭でフル稼働 …… 16

ケース2　35人のリーダー　増え続ける仕事の採配に工夫 …… 21

ケース3　異動して即、担任に！
　　　　　多感な時期の生徒と向き合うために ………………… 26

ケース4　仕事漬けの日々にやりがい
　　　　　一方、部活動批判に複雑な思い ……………………… 30

第1章　なぜ今働き方を考えるのか

1　働き方改革のモヤモヤ …………………………………………… 36

2　働き方改革を難しくしている仕事の複雑さとは …………… 42

3　働き方を変えていくべき理由① 学びのアップデート ……… 44

- 4 働き方を変えていくべき理由② **人材確保の持続可能性** ……… 54
- 5 働き方を変えていくべき理由③ **大量採用世代の今後と働き方** … 59
- 6 働き方を変えていくべき理由④ **働いて幸せになる** ………………… 64
- 7 自律的働き方改革 ………………………………………………………………… 67

第2章 数字で描く教員のリアル

- 1 教員の働き方実態調査 ……………………………………………… 70
- 2 教員の「働く」リアル ……………………………………………… 74
- 3 教員の「意識」のリアル …………………………………………… 81
- 4 長時間労働の教員の特徴 …………………………………………… 87
- 5 長時間労働の職場の特徴 …………………………………………… 95

第3章 データから考える働き方改善

- 1 教員の働き方改善の考え方 ………………………………………… 102
- 2 個人の取り組み① **完全燃焼タイプ** ……………………………… 105
- 3 個人の取り組み② **不安憂慮タイプ** ……………………………… 110
- 4 個人の取り組み③ **何でも屋タイプ** ……………………………… 116

5	持続可能な職場づくり……………………………… 120
6	組織の取り組み① 外科手術・キャップ系……………… 123
7	組織の取り組み② 外科手術・カット系………………… 126
8	組織の取り組み③ 外科手術・効率化系………………… 129
9	組織の取り組み④ 外科手術・打ち手の組み合わせ…… 131
10	組織の取り組み⑤ 漢方治療的な組織の体質改善……… 134
11	組織の取り組み⑥ 漢方治療の実現に向けた役割分担… 138
12	働き方改善の進め方……………………………… 142

第4章 働き方を見直すアイデアとポイント

1	時間制限を設ける「キャップ系」の対策……………… 152
2	業務をやめる「カット系」の対策……………………… 157
3	業務を手際良く「効率化系」の対策…………………… 161
4	職場の風土を変える「漢方治療」の対策……………… 170

第5章 対談〜現場から見た教員の働き方〜

対談1 働き方改善の先にあるもの
　　　　岩瀬直樹×中原 淳 …………………………………………… 176

対談2 学校で行う部活動の「これから」
　　　　杉本直樹×中原 淳 …………………………………………… 189

対談3 教職員の持続可能な働き方とは
　　　　住田昌治×中原 淳 …………………………………………… 202

特別対談 教育行政の立場から見た働き方改革
　　　　立田順一×島谷千春 …………………………………………… 215

おわりに ……………………………………………………………… 230

装丁　遠藤陽一（DESIGN WORKSHOP JIN）
本文デザイン・DTP　明昌堂
イラスト　高田真弓

序章

「忙しい先生」たちの毎日

　教員の「働く」営みに何が起きているのだろう。データを読み解く前に、本章ではまず、教員の日常に迫る。長時間労働の過酷な仕事とも言われる中で、情熱を持ち、やりがいをかみしめながら仕事と向き合う教員も少なくない。「忙しいし、苦しい時もある。しかし、目の前には子どもたちがいる」。日々葛藤し、悩みながら仕事を続けている。そんな生きた学校現場を見てみよう。

ケース1 忙しくても手は抜かない！仕事と家庭でフル稼働

板倉麻美 教諭(仮名・45歳)
小学校　教員歴23年

● **長時間労働。でも「子どもとは向き合いたい」**

　校舎からその日の始まりを告げるように和音が響き渡る。9時から始まる1時間目の音楽室。グランドピアノの周りに子どもたち30人が集まる。小学校に勤務する板倉麻美教諭（仮名・45歳）は立ったまま鍵盤を押さえる。「目からビームを出して歌ってみて」。子どもたちが「できるわけないじゃーん」と笑う。「子どもたちの表情を見ているんです。一人ひとりと目を合わせながら、集中して歌う雰囲気をつくっていくんです」。次第に、曲に乗せられた合唱の声がきれいに共鳴する。クラス全員の息づかいが合い始める。

　この日は、他のクラスの担任の教員から「我が子が急に熱を出して……」と連絡があり、板倉教諭は急きょ、そのクラスを受け持ち、音楽の授業をした。「子どもが小さい時は私も大変だった。お互いさま。今は協力

するから頑張ってと言ってます」と笑う。その時間に行うはずだった業務は頓挫した。こんな日は珍しくない。

　毎朝6時に起床。中学生の娘の弁当を作る。その後、出勤の支度をし、7時半頃には小学校へ到着。同僚の先生の出欠状況を確認する。主幹教諭になり、若手の先生たちのサポート役もこなす。子どもたちへの指導の仕方などの相談に乗るほか、流し台や更衣室の掃除、職員室の冷蔵庫の整理など、細かいルールを文書化して伝える。学外からの電話もある。「通学路にハトの死骸がある」「通学路に雪が積もっていて危ない」などといった地域の人の要望にも応える。

　放課後になると、15時半から45分間、休憩時間がある。しかし、「唯一の自分の仕事ができる時間」と、採点や教材研究に時間を割く。それからは分刻みで、職員の全体会議、校長・副校長との会議など、18時半まで話し合いが続く。その後、20時半まで授業準備や他の職員との調整業務を行う。出勤してから、すでに12時間以上が経っていた。「教師が何でも屋さんになっている部分はある。でも、子どもと関われる時間は減らせない。そこにプライドを持ってやっているから……」と話す。

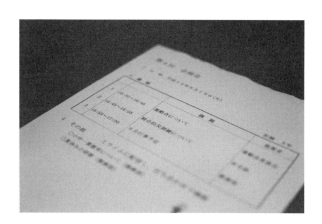

● 子どもに寄り添う。理想の教師として

　教員歴23年。担任を13年、音楽の専科として10年、教員を務めてきた。中学生の頃、吹奏楽部でサックスを始め、人と音を重ね合わせていくアン

サンブルの魅力に惹かれ、「いつかこの楽しさを教師として子どもたちに伝えたい」と教員を志した。大学で小学校教員免許を取得し、小学校に赴任した。「クラス全員のことをひいきできる教師でありたい」。担任を持っていた時は、毎日、全員に声をかけることを欠かさなかった。初任から数年後、6年生の担任をしていた時、同級生たちと話すのが苦手な児童がいた。話し出そうとしても固まってしまう。ある日、授業が終わると、その児童が急に教室を飛び出し、近くの踊り場の端で座り込んでしまった。板倉教諭はそっと近寄り、児童と同じように体育座りをして、約30分、話を聞いた。「明日も学校おいでよ」。そう話すと、ふさぎこんでいた児童は、少し表情が明るくなった。それから児童は、同級生にうまく溶け込めるようになっていった。その児童は今30歳。毎年、連絡をくれる。「子どもたちが『今日も楽しかった』と言って帰っていく日々にするのが、教師の役割だと思うんです」

● 子育てとの両立。体調と向き合う

　教員として経験を重ね、周囲も見渡せる余裕が出てきた32歳の頃、小学校の教員の夫と結婚。その後、長女を出産すると、働き方を変えることを余儀なくされた。娘が1歳7カ月の頃に職場に復帰。毎日7時半には、号泣する娘の声に後ろ髪を引かれながら保育園に預け、出勤。18時には保育園に迎えに行き、残った仕事は家に持ち帰った。21時までに娘を寝かしつ

け、宿題のプリントの丸つけをした。唯一の楽しみは、録画して録りためておいたドラマを仕事の合間に少しだけ観ることだった。

「土曜日は私の日。日曜日は夫の日」。それぞれ割りあてられた日は、休息日ではなく、学校へ出勤する日。子育てをしながら夫婦で小学校の教員を続けるには、休日で役割を分担するしかなかった。板倉教諭は、毎週土曜日、その週で積み残した成績処理や授業準備をしに行った。

娘が小学生になると、学童保育に預けた。親の大変な様子を見ていたのか、娘はおっとりとしていて、とても聞き分けのいい子に育った。文句も言わず放課後は学童保育に通った。夜になって迎えに行くと、約80人の児童が走り回る中で、床に座って宿題をしている娘がいた。「勉強をしている娘の顔の真横をけん玉がぶんぶん飛び回っていた。『たくましく育って』と思ったけど、やっぱり少し悲しくなった」。子どもに少なからず負担をかけていることを申し訳なく思った。

そんな日々を送っていたある日。4時間目の授業が終わった途端、音楽室で突然、意識を失って倒れた。すぐに同僚の先生たちが駆けつけ、救急車で運ばれた。急性腎炎だった。過労などが原因で、26歳から腎臓の持病を抱えるようになっていた。病院で点滴を打ってもらうと、すぐに回復したものの、医者からは「しばらく安静に」と言われた。夕方、勤務先の学校から駆けつけてくれた夫に、自宅まで車で送ってもらった。西日が差し込む後部座席で横たわりながら、「一生この病気と付き合いながら、教師を続けられるのかな……」と不安になった。それ以降、大事に至ったことはないが、いつも自分の体調は気にしている。

体調も安定した頃、家で娘が冗談交じりに、ふと「1億円あったら仕事辞める？」と尋ねてきた。「1億あっても仕事は辞めないよ」。自然と言葉が出てきた。

●教員という仕事に誇りを持って取り組む

「わー！」。子どもたちの歓声が上がる。音楽室の室内に暗幕を張り、プロジェクターで星空を映し出した。「星の世界」という曲のイメージを伝えたくて、何時間もかけて準備した。「星がきらめくというのはこういう

序章 「忙しい先生」たちの毎日

感じなんだよ」。そう語りかけた。
「♪きらめく光は　玉か黄金(こがね)か〜」。伴奏を弾くと、思いが込められた歌詞を児童が歌う。「今度は一人ずつ歌いたい」「グループに分かれて歌い比べがしたい」。思考力と表現力が伸びていく。「子どもたちがぐっと意欲的になる瞬間がある。何時間もかけて準備をして報われる瞬間ですね」。教材研究にも手を抜かない。準備をした分、子どもたちが応えてくれる。ノートにはびっしりと授業の計画が記されている。

　昨年、娘の小学校の卒業式に出席した。体育館に児童一人ひとりが習字の時間に書いた将来の夢が貼り出されていた。「人の役に立つ人になりたい」。娘はそう書いていた。家に帰って、「何の仕事をしたいの」と尋ねると、「学校の先生も一つかな」と返ってきた。「寂しい思いもたくさんさせてきたと思うんです。恥ずかしくない仕事をしないと」。教師としての奮闘の日々は続く。「仕事が多すぎる現実はあります。体調も心配ですが、この仕事が好きで、誇りを持ってやっているし、一生やっていきたいと思っています」。子どもたちを見つめる眼差しはどこまでも温かく、誠実だった。

ケース2 35人のリーダー 増え続ける仕事の采配に工夫

山下次郎教諭(仮名・45歳)
小学校 教員歴20年

序章 「忙しい先生」たちの毎日

● 職場全体を見渡す教務主任

　8時30分。蝉の鳴き声に包まれる緑道に、地域の見守り隊のお年寄りら10人が、子どもたちの登校時間を終えて集まっていた。「いつもどうもありがとうございます」。小学校で教務主任を務める山下次郎教諭（仮名・45歳）は校内の昇降口で子どもたちを出迎えた後、急いで緑道に出向き、そう言って頭を下げた。「学校は地域の人々に支えられていますからね」。こうした細やかな配慮は欠かさない。

　教務主任になって4年目。子どもたちに携わる教職員約35人をまとめるリーダー役でもある。校長らと連携し、職場全体を見渡し、いかにスムーズに学校を運営できるかは、教務主任の手腕にかかっている。会議の資料作り、年間スケジュールの計画、各担当者への連絡、地域行事と学校の調整、教育委員会への報告書の作成など、学校の「裏側」の仕事を取りまとめる。年度始めに作成し、教育委員会へ提出する教育活動計画は400ペ

ジを超える。机の上に資料が山積みになる日も少なくない。
「それでは、職員会議を始めましゅ」。放課後、教職員会議で、冒頭クスッと笑いが起こる。山下教諭は、語尾を言い間違えた。「もともと言い間違えることは多いんですけど、ちょっと笑いが起こるようなことをあえて入れることもあります。職員室が楽しい部屋になるようにしたいんです」

若手の教員へのアドバイスも心がけている。「やってはいけないことは『いけない』と子どもたちに言うことは大事。でもその後のフォローもとても大切。否定したまま終わらせないようにね」。職員室に戻ってきた若手にちょっとした子どもへの接し方を伝える。さらに、合間を見つけては校舎の流しや階段など、掃除の様子なども見回り、見過ごしがちな点をそっと教えることもある。「手取り足取りではないです。若い先生には『考えて動く』ということを身につけてほしいんです」と期待する。

休日には、地域の祭りやイベントの実行委員会の会議、保護者らの「父の会」などに顔を出す。「これまでは、毎週土日のどちらかは出勤していましたが、最近は先生同士でさまざまな業務を分担して月2回ほどの休日出勤で済んでいます」

教員になって20年。教員採用試験の倍率が10倍以上ある難関の時代に、小学校の教員として運良く採用された。教員生活のほとんどは担任を受け持ってきた。明確なきっかけはなく教員になったものの、子どもたちと関わる仕事の魅力に惹かれていった。教務主任になって担任を外れたが、「魅

力ある学校の環境が、全て子どもたちへ返っていく。そう思うから、教務主任の仕事も楽しいですよ」と話す。

● 陰ながら子どもたちを支える
「山下先生来た！」。子どもたちは嬉しそうな顔で、教室から視線を向ける。国語の時間には、今年からは教務主任という役職に加えて国際支援担当として、外国籍の児童のサポートに入っている。担任の先生の授業の妨げにならないよう、さりげなく机の横にしゃがみ込み、簡単な英語と日本語を交えながら、書き取りや問題の解き方を教える。「ここは『が』ではなくて『は』だね」。中国、フィリピン、スウェーデン、アメリカ、カナダ、インドネシア……。児童の国籍の多様化は進んでおり、言語や生活の補助を行う時間は増え続けている。

　授業が終わると、別のクラスで揉めごとがあったことを聞いた。すかさず児童のフォローに入る。担任がクラスを見ている時、その児童を別室に連れて行き、椅子に座らせてゆっくりと時間をかけて話を聞く。児童は休み時間にドッジボールをして遊んでいる最中、コートの線を越えたか、越えていないかで友達とけんかになったという。同じ呼吸のリズムに合わせて、少しずつ落ち着かせていく。話ができるようになったら、クラスに戻す。「子どもたちは子どもたちなりにさまざまな理由がある。それをわかってやることも大事なんです。担任とは別にこうしたフォローができる教

員が学校に一人いるかいないかは大きい」と話す。

　山下教諭は約10年前、担任のクラスをうまくまとめられないことがあった。児童らは、教室を出て行ったり、机に乗ったりした。厳しくすればするほど教室が荒れた。「子どもたちの背景を見られていなかったんです。教師としてのスタイルが固まってきた時期でしたが、若さだけでは通用しなかった」と振り返る。暴れていた児童は、実は中学受験を目指していて多くの悩みを抱えていた。そこに気づくことができなかったという。

　その数年後、国のプログラムで東南アジアの日本人学校へ派遣され、3年間教鞭をとった。海外生活の中で「マイノリティの立場を味わった。さまざまな価値観、生き方があることを知った」。小学生と中学生が一緒になって学んだり、自ら考えることを重視したり、教え込みではない教育があったという。「多様性を認めること。相手の背景を知ること。今でもこの経験が生きています」

● 人が増えない。仕事が減らない

　毎朝6時半に起床し、高校生の長男、中学生の長女の弁当を妻と交代で作る。7時半には学校に着き、16時15分頃まで業務をこなし、その後は会議。会議は日によって終了時刻がまちまちで、プール指導の方法、心肺蘇生法といった細かい案件も議題に上がることがある。20時になっても職員室に半分以上の教職員が残っている。「早く帰ろうよとは言うんですけど

序章 「忙しい先生」たちの毎日

ね」。英語教育、道徳教育、特別支援のケア……。今、学校が抱える新たな取り組みは増え続ける一方で、減るものはない。「時代の要請。やらなきゃいけないと思っています。どれも大事だから、何を減らせばいいのかわからない」と本音をこぼす。

　最近、時々、胃が痛くなることがある。締め切りに追われ、やらねばならないことをこなせるか、プレッシャーがのしかかる。「こんなだったっけな」。初めて自分の体調を気にするようになった。

　教員に対する世間の目は厳しくなっている。たくさんのクレームの電話がかかってくるようになった。「先生たちを温かく見守ってくれたらなと思うこともあります。でも、その目を僕らがつくっていかなきゃいけない。僕ら教員でどう社会と信頼関係を築いていくのか。そこが問われている気がします」

　約3年前、荒れていたクラスの教え子たちとの同窓会があった。「先生、あの時、困らせてごめん。先生の言ってくれていることはわかっていたよ」。教え子の言葉に救われた気がした。「きれいごと抜きに、子どもが輝いて見える瞬間がある。その時を共に過ごし、成長を見届けられる仕事。この子たちが次の日本、世界を担っていくと思うと背筋が伸びる思いがします」。教員としてのやりがいをかみしめつつ、「縁の下の力持ち」として学校を支え続けている。

ケース3 異動して即、担任に！
多感な時期の生徒と向き合うために

広瀬美智子 教諭（仮名・43歳）
中学校教員歴20年　音楽

● 着任早々、慌ただしく始まる担任の仕事

　体育館での始業式が終わり、担任のクラスの生徒たちの先頭になって教室まで歩く。4月から着任したばかりの学校。まだ生徒たちと言葉は交わしていない。「どんなクラスになるんだろう」。中学2年生の担任、広瀬美智子教諭（仮名・43歳）は、期待と不安を胸に抱き、教室に向かった。「あぁ、忘れ物した！　職員室に取りに行ってくるね」

　教員歴20年。担任を持つのは14回目だが、生徒と初めて対面するこの時ばかりはいつも緊張する。ホームルームの時間に「みんなが、みんならしくいられる空間をつくりましょうね」と伝えると、生徒たちは黙って耳を傾けた。「一つひとつが新鮮で、早く慣れていきたいと思います。と言いながら、早速、明日は前の学校の離任式でいません。ごめんなさい」。教員の異動はかなり慌ただしく、始業式と離任式が前後することも少なくない。

　専門科目は音楽。国語や数学などの他の科目よりも授業数が少ないため、

子どもたちと接する機会は減る。そのため、さまざまなことに気を使う。前の学校に比べ約3倍の数の生徒が在籍する大規模校に異動したこともあり、生徒の名前を覚えるのも一苦労。道を歩いていても、自分が受け持っている生徒かどうかもすぐには判別できないため、通りすがる中学生にはあいさつを欠かさない。

　また、昼食時には、子どもたちの様子を観察する。その時に有効な道具は、お茶の入った「やかん」。前任校では、クラスに一つやかんが配置されていたので、広瀬教諭はやかんを持って生徒のお茶を入れながら、様子を見る。元気なさそうだな、ここ数日、家から持ってきた弁当じゃないな、友達と話をせずに黙々と食べているな──。「生徒たちのちょっとした変化をつかんでいます。いつもと変わったことがあれば『どうしたの』と声をかけます」。細やかな仕草一つひとつをさりげなく観察し、少しずつ生徒たちの心情を理解していく。

「やかんがない！」。しかし、新しく着任した学校はクラスにやかんが配置されていなかった。今は教室の前の方で弁当を食べながら、生徒たちをじろじろと観察しているが、「変な先生だなと思われているかも……。また何かいい方法を見つけたいと思います」と苦笑いをする。多感な時期の生徒たちとの関わり方は、さまざまな工夫が必要だという。

● 「教師も親も中途半端」と悩む日々

　学校教師の家系に生まれた。幼い頃から、親や親戚の姿を見て、「常に教師という職業が選択肢の中にあった」。しかし、実際に教師になってみると、「こんなに仕事があるんだ。本当になめていた」と驚いた。子どもたちに対する教育はもちろんだが、それ以外の事務処理業務に忙殺される日々も多い。出席簿やプリントの整理、個人面談の順番調整、会計、評価シートのチェック、教室の戸締まり確認など、「やることにきりがなく、大体その日に終わらない」。さらに、放課後、生徒の事情に応じ、保護者の帰宅時間に合わせて生徒宅へ電話をする。つながらない時は「あと15分だけ待つか……」と、退勤時間を遅らせることもある。

　朝は6時すぎに起床し、夫と小学生の娘の朝食を用意する。吹奏楽部の朝練のため7時前には出勤。夜は学童保育に預けている娘を迎えに行く。19時までには到着したいが、それよりも遅くなる時も少なくない。遅くなった日は、「どこかで食べて帰ろっか」と言って、娘とファミリーレストランやフードコートで夕食を済ませることもある。「本当は、親としては、子どもに手作りのものを食べさせてやりたい。子どもに『ごめんなさい』って思っています」

　家に帰って、娘と寝る支度をする。22時半、余裕がある日は一緒に寝る。しかし、仕事が終わっていない日は、「今日はお仕事があるんだ」と娘に伝え、「えー」と残念がる様子をはた目に授業準備をする。2018年から教

科化された「道徳」。道徳教育の推進担当として、授業の方針を決めたり、評価の仕方を考えたりする。遅い日は深夜に及ぶ。夫には「音楽の先生なんだよね？」と不思議がられる。「教師としても親としても中途半端。うしろめたい気持ちがないと言ったら嘘になりますね……」

● **教師のやりがいを感じる瞬間**

　体育祭でクラス対抗の大縄跳びが行われる。当日まで、体育の時間のほか、昼休みを使って、クラスの生徒たちが練習を繰り返した。授業の合間を縫って、できるだけのぞきに行く。「今、引っかかったのだれー？」と生徒たちの中で犯人探しが始まると、「はい、次行くよ」と気持ちを切り替えるよう促す。そして、生徒たちが跳ぶタイミングに合わせて「ハイッ、ハイッ」と手拍子を打つ。「先生が来て、一気に声がでかくなった」と生徒たちは笑う。練習を繰り返すも、なかなかうまくまとまらなかった。「インターネットで調べてきた」。後日、生徒の一人が、跳び方やリズムを提案。「ステップだけでもやってみよう」と、昼休みに練習をする生徒の意欲的な様子をそばで見守った。

　体育祭当日。「イチ、ニー、イチ、ニー」。これまでで一番息が合っていた。他の個人種目では全く良い成績が挙げられなかったものの、大縄跳びだけは学年で１位になった。クラスが一つにまとまった瞬間だった。「若い頃、先輩によく言われていたんです。素敵だなと思える瞬間が一つでもあったら、99回嫌なことがあっても頑張れる仕事だよって。本当にそうだなって思います」

　教師の役割は「おでんのからし」のようなものだという。「子どもたちはおでん。みんなが合わさると、いいダシが出る。からしは、味付けが必要な時だけ使えばいいんです」。クラス、部活、委員会……。中学生はさまざまな場所で人間関係を覚えていく。時には衝突し、時には強い絆で結ばれる。そんな青春時代には、つんと辛い"からし"がそばで見守っている。

ケース4 仕事漬けの日々にやりがい 一方、部活動批判に複雑な思い

大村慎太郎教諭(仮名・34歳)
中学校　教員歴9年　保健体育

● サッカー部顧問として部員の意欲に応える

「もう、終わりやぞー」。西日が差すグラウンドに、校舎の2階から大きな声が聞こえてくる。サッカー部の全体練習が終わり、自主的に練習をしている部員たちがまだボールを蹴っていた。中学校のサッカー部顧問の大村慎太郎教諭（仮名・34歳）は、部員たちに下校を促した。「先生、どうやったらうまくなりますか」。部員は大村教諭に駆け寄り、尋ねた。大村教諭は真っ黒に日焼けした腕を組み、少し考えて、「相手の動きを見るんやで。サッカーは、相手があって、味方がある中のスポーツやからな」と話した。部員はうなずき、お辞儀をして帰っていった。

　教員歴9年。今の中学校に赴任して3年目になる。赴任当初、サッカー部に入部した1年生15人は、ほとんどが初心者だった。対外試合をしても10点差で惨敗することもあった。それでもサッカーが好きで、部員たちは

練習が終わってからもボールを蹴り続けていた。「3年後やぞ」。部員たちにはいつもそう声をかけた。

「私が勝ちたいわけじゃない。でも、彼らがそれを望むなら環境は用意してやりたい」。部員たちの気持ちに応えようと、毎週対外試合を組んだ。部員たちの交通費の負担を減らすため、バスの運転免許も取得した。「どうや、試合多くてしんどくないか」。大村教諭が尋ねると、部員たちは首を横に振った。土日はいつも対外試合か公式戦の大会運営委員会の会議。思い返せば、学校の夏休み期間は2日間しか休暇が取れなかった。

● 「やっぱり教師になりたい」。悩んで進んだ教員人生

大村教諭は、9歳からサッカーを始めた。中学では県の選抜選手にも選ばれ、高校は県下屈指のサッカー強豪校に入学。顧問の先生はとても厳しかったが、生徒の心をつかんで、進むべき方向に導いてくれる姿に憧れを感じた。「かっこええなと。先生のような教師になりたいと思った。けど、僕は一度逃げたんです」

高校時代の部活は、年に数日しか休みがなかった。顧問の先生は常にグラウンドに立って指導をしてくれていた。ほとんど家でゆっくりしている時間も、自分の子どもを見ている時間もないだろう。「子どもの頃、土日はいつも父がサッカーの試合を見に来てくれていました。とても嬉しかった。自分には家庭を顧みずに働くということはできないなと思った」。卒

業直前になっても、顧問の先生にはついに「教師になりたい」とは言えなかった。

　高校卒業後は、スポーツの専門学校に入学。学校の先輩の紹介で、母校のライバル校だった高校のトレーナー兼コーチの仕事に携わることになった。全国大会の地方予選。一つの目標に向かって顧問の先生と部員が一体になっている姿を目のあたりにした。OBもたくさん応援に駆けつけていた。「とてもアットホームで、サッカーを通じてみんながつながっている。ああ、やっぱりこういうことがしたいなと、その時はっきりと自分の気持ちに気がつきました」。その後、大学に編入し、保健体育の教員免許を取得。地元で募集のあった中学校に応募し、採用された。

●担任として「成長を信じる」

　教員になると、やはり思い描いていた通り、忙殺される日々が続く。当然、部活をしているだけではない。授業はもちろん、そのほかにも教材研究、生徒指導、家庭訪問……。生徒指導担当、部活では県下の公式戦の運営役員の仕事も担っている。「勤務時間はあってないようなもの」

　「俺の担任誰じゃあ！」。4月1日、1人の生徒が春休みに学校に乗り込んできた。地域で有数の問題児と言われている少年だった。「まだ言われへんわ。新学期よろしくな」。大村教諭がそう語りかけると、少年は照れたように「いらんわ」と返した。「俺、サッカーのキーパーしててん」。少年がそう話すと、大村教諭はグラウンドに出て一緒にボールを蹴り合った。

　その後、中学3年になった少年の担任になった。「よろしくな」と握手をし、きちんと学校に来るよう約束した。しかし、学校には来ても、問題行動が続いた。毎日のように校舎の警報機は鳴り、廊下は水浸し、自転車で校舎内を走り回る。その都度、教室に呼んで2人で話した。「どうするつもりや。他のみんなどう思ってるか、わかってるか。人に迷惑をかけることをするなよ」と話すと、「わかってるって」と返してくる。少年は授業やテストでもついていけず、3分で教室を出てくることもあった。その度に、別室で勉強できる部屋をすぐに用意した。「この学校は、どんな子にも居場所を作り、本当に粘り強く向き合ってやっていく風土があるんで

す。絶対に見捨てない」。何度も話しているうちに、少年は問題行動を起こした時には「先生、ごめん」と謝るようにもなった。

「かあさんに制服姿は見せてやりたい」。受験シーズンが近づくと、少年はそう話した。学力は決して高いとは言えないものの、母に対する思い一心で真面目に受験には向き合った。大村教諭が進路の相談に乗りながら、少年は合格。「どんなにやんちゃをする生徒でも、可愛いところはあるんですよ」。大村教諭は子どもたちの成長を信じる眼差しを忘れない。

● 部員の成長を実感する日々

初心者だった部員たちは少しずつ上達し始めた。サッカー部は練習に明け暮れ、2年の冬、公式戦でベスト16まで勝ち進んだ。しかし、翌春の公式戦では1回戦敗退。「ちょっと勝ったくらいで、勘違いしたらあかんで」と部員に発破をかけつつも、部員たちの変化を感じ取っていた。部員たちは、遅刻や無断欠席はなくなり、言わなくてもあいさつをするようになっていた。

「サッカーはいろんなことを教えてくれるな。優れたプレーは、土台が大きくないとできない。器が大きいからこそ、優れた技術が身につく。基礎的な技術もそうだし、きちんとした常識やルールを守る態度も大事。グラウンドで一生懸命やっているのはわかる。でも、誰も見ていないところでどれだけやれるか。学校のこともきちんとやるべきことをやっていこうな」。

部員たちは後ろに手を組み、真剣な眼差しで大村教諭を見つめた。

　夜は21時頃に帰宅、翌朝5時半に起きる。子どもたちの寝顔しか見られない月も少なくない。8月は大会を運営するために県外の視察やサッカー部の遠征などで約20日間、ほとんど家にいられなかった。妻、3歳と5歳の息子と4人暮らし。「とうちゃんと一緒にお風呂に入りたい」。電話越しに子どもたちがつぶやく。「寂しそうにしている子どもたちの声を聞くと、やっぱり葛藤はあります」。父のように休日に子どもたちと過ごす時間が作れていないことに申し訳なさも感じる。

　中学校の部活動のあり方は今、社会で大きな議論を呼んでいる。学校外のクラブチームでやればいいという意見もある。「さまざまな選択肢があることはいいし、クラブチームでやりたいと思う子はそちらに行くということもあると思う。ただ、学校には学校の良さはある。学校生活と部活で子どもたちと関わる時間が増えるから築ける信頼もある。良さが残せるといいけれど……」。少しでもいい刺激を与えたくて、できることはやろうと子どもたちと向き合っている。ただ、必死で働く中で、社会で巻き起こる部活動への批判に「仕事を頑張れば頑張るほど、迷惑かけているんかなと思う時がある」。部活動を減らす方針も検討されている。「部活を一生懸命頑張りたいという子らにどう説明したらええんやろうか」。悩みは尽きない。子どもたちを支える教師の日々が続く。

第 1 章

なぜ今
働き方を考えるのか

　働き方改革は、本来、長年多忙に苦しんできた教員を救ってくれるはずのものだった。しかし、現状、働き方改革に喜びや期待を感じられない教員も多い。本章では、まずは働き方改革に対して感じるモヤモヤの原因について整理する。しかし、それらを踏まえたとしても、やはり働き方の改善は進めていくべきである。なぜ今、それを行うべきなのか。4つの理由から整理していく。

1 働き方改革のモヤモヤ

1 なぜ働き方改革から希望が失われたのか？

　今や空前の働き方改革ブームである。テレビやインターネットを含め、さまざまなメディアで、「働き方」というワードがひしめき合っている。

　では、その効果のほどはどうだろう？　私たちの身の回りで、そして学校で、働き方が明らかに改善され、充実した日々を送る教員が目に見えて増えただろうか？　これを読んでいるあなたは「働き方改革」のワードを目にしてワクワクするだろうか？

　実際に、現場で声を拾うと、働き方改革の話に「いろいろやっているよ」「大事なのはわかっている」「でも……」と言葉を濁す教員も少なくない。どうやら、働き方改革にもろ手を挙げて賛同できない何らかのモヤモヤがあるようだ。

　働き方に関して、そもそも教員は、かなりの長い間多忙に悩まされてきたという背景がある。例えば、1983年に英語教師を対象に行われた調査[1]においても、中学校教員の5割、高校教員の4割が忙しすぎて授業準備ができないと答えている。こういったことから考えると、働き方改革は、教員を長年の苦しみから救う、「やっと現れた救世主」とも言えるものだったはずだ。したがって、教員の多忙が注目され始めた頃、教員の多くにとって悪い気はせず、国際調査等で日本の教員の長時間労働の実態が報道された時にも、「ようやく大変さをわかってもらえた」と救いを見た気持ちにすらなっていたかもしれない。

　それが一転——。なぜ、今「モヤモヤ」をもたらすことになったのか？

---

[1] 平良辰夫（1983）「中学校・高校英語教師のジレンマ：アンケートによる一考察」『沖縄大学紀要』第3巻, P.75-93

筆者らはこれまで約２年にわたって働き方に関する現場の声に耳を傾けてきた。その結果、働き方改革へのモヤモヤの原因は以下の４つに集約できることがわかった。

①自分たちの働き方が勝手に変えられていくこと
②働き方改革が教職員間の対立のタネになっていること
③これまでの「いい教師」像とのズレを感じること
④（働き方を変えようにも）どうすればいいのかわからないこと

2　原因①自分たちの働き方が勝手に変えられていくこと

　まず１点目、「自分たちの働き方が勝手に変えられていくこと」とは、自分たちの意思に反して時間やリソースのかけ方がコントロールされることへの違和感である。

　例えば、ある学校では「教材研究を省力化すること」が推奨され、オリジナルのプリントや問題の作成が制限されている状況があったとする。それに対し、教材研究こそ仕事の肝だと思っている教員にとっては「（削るのは）そこじゃない」といったネガティブな印象ばかりが強くなる。「自分の働き方」なのに自分の思うように進められず、結局は上からコントロールされていると感じているのである。

　最近、「働き方改革は働かせ方改革である」という言葉も聞くようになった。働き方改革という美名のもとに、自分の働き方が勝手に、そして意図しない形に変えられていくことへの違和感、それがモヤモヤにつながっているのである。

3　原因②働き方改革が教職員間の対立のタネになっていること

　２点目は、「働き方改革が教職員間の対立のタネになっていること」である。働き方改革を進める過程では、どこかのタイミングで「何を削って何を残すか」を論点とせざるを得ない。

　そもそも、学校という場は多様な価値観や教育観にあふれた場である。その多様性を前提とした時、「何を削って何を残すか」の議論はとても難

しい。それぞれの活動の意義の大きさが、教員間で異なるからである。例えば、ある活動に意義ややりがいを見出している教員であれば、その活動を削ろうとする言動が、自分の信念やそれまでの取り組みを否定しているように感じて賛同できないこともある。一方で、残業を積極的に削減していこうとする立場の教員からすると、そういった主張は、単に改革をはばむ旧態依然とした抵抗勢力で、ワガママなものに見えることもある。働き方改革はそうした価値観の違いを際立たせ、対立を生じさせがちな特徴を持っており、その点にモヤモヤを感じている教員も多い。

4 原因③これまでの「いい教師」像とのズレを感じること

　3点目は、「これまでの『いい教師』像とのズレを感じること」である。序章に登場した音楽専科の教員の言葉の中に「クラス全員のことをひいきできる教師でありたい」というものがあった。そして、その考えの前提にあるのは、「子どもたちが『今日も楽しかった』と言って帰っていく日々にするのが、教師の役割」だという意識である。この教員のように、一人ひとりの子どもに目を向け、それぞれの子どもの特性に合った形で、とことん関わっていくことを良しとする教員が、学校においては多数派であると考えられる。そういった教員にとって、働き方改革はどのように映っているであろうか。

　それについて考える上で示唆的な調査結果がある。筆者らが横浜市で実施した横浜市教育委員会・中原淳研究室（2017）「教員の働き方や意識に関する質問紙調査[2]」（以下、「横浜教員調査」）の結果によると、「業務時間を減らすことに罪悪感やためらいを感じる」という質問に対して36％以上の教員が「あてはまる」と回答したのである[3]。

　たしかに、日本の学校教育においては、授業の時間以外も子どもと過ごし、子どもと丁寧に向き合うことが良しとされて来た。そしてここで言う「丁寧さ」は、多くの場合において、「長い時間をかけること」に読み替え

2　調査の枠組みについては第2章P.70を参照
3　第2章P.84参照

られてきた。次の日の授業のために遅くまで残って教材を準備すること、児童生徒指導に関わるトラブルが生じ、遅くまで残って生徒や保護者の話を聞くこと、次の日の取り組みのために同僚とじっくりコミュニケーションをとること、こういったことは全て（本当に子どものためになっているかどうかは別として）「子どものため」の尊い行為であるとされてきた。実際、横浜教員調査において、過労死ライン以上に働いている教員のこの点に関する傾向を見てみると、**図表1-1**のようになっている。グラフにあるように、「教育の質を高めるために、児童生徒には時間や労力を惜しみなくかけている」かという問いに対して、7割弱が「あてはまる」と答えている。これは、まさに、これまでの考え方における「いい先生」像そのものの姿である。

逆に言えば、もし時間外業務を削ってしまうと、これまでのような関わりができず、「いい先生」ではいられなくなってしまう。自分たちの都合や働き方が理由で子どもたちにしわ寄せがいくことこそ、罪悪感の一つの

図表1-1　「過労死ライン」を超えて働く教員の仕事に対する意識

Q. 教育の質を高めるために、児童生徒には時間や労力を惜しみなくかけている？

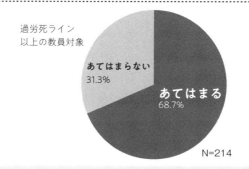

過労死ライン以上の教員の68.7%が、「時間や労力を惜しみなくかけている」という意識を持っている

※「あてはまる」「ややあてはまる」を「あてはまる」、「どちらともいえない」「ややあてはまらない」「あてはまらない」を「あてはまらない」として再カテゴリー化を行い、集計した
出典：横浜市教育委員会・中原淳研究室（2017）「教員の働き方や意識に関する質問紙調査」

4　時間外労働月80時間以上を過労死ラインとする

源であろう。

　もう一つの罪悪感は、同僚に対するものである。日本の学校組織の特徴の一つとして「同僚性」がある。同僚性とは、問題解決や職能成長のために同僚間で支え合い、協働する性質のことである。[5]近年、教員個々人では対処できない問題も増えており、組織として課題解決等に取り組むことが求められる中で、同僚性はますます重要だと言われている。

　この同僚間のつながりをつくる上で不可欠なのが、同僚間の密なコミュニケーションであり、そのコミュニケーションが行われてきたのは、多くの場合、放課後の子どもが帰った後の時間である。同僚とともに協働で何かの準備などに取り組む場も就業時間後になることが多い。そんな場や時間が重要だと認識しているからこそ、早く帰る、あるいは先に帰ることに罪悪感を感じるのではないだろうか。

　以上見てきたように、早く帰ることは、子どもに対する、そして、同僚に対する罪悪感を生じさせる可能性がある。この罪悪感に象徴されるように、早く帰ることは、子どもにとっての「いい先生」や、同僚にとっての「いい先生（いい同僚）」ではいられなくなってしまうことにつながりかねない。そこに、モヤモヤを感じている教員もいる。

5　原因④どうすればいいかわからない

　ここまで、働き方改革に対するモヤモヤを3点述べてきたが、実は、それらの全てがこれから挙げる4点目につながっていく。それは「結局、どうすればいいのかわからない」である。

　図表1-2は、横浜教員調査において「1カ月の時間外業務のうち、あなたが減らせると思う時間」を質問した結果である。実に、32.2％の教員が0時間と答えている。つまり、時間外業務を減らすことは「無理」だと感じている。

　この、「無理」だと感じている人たちの中には、ここまで挙げた「人」

---

[5]　佐藤学（2012）『学校を改革する―学びの共同体の構想と実践』岩波書店，後藤壮史（2016）「学校現場における同僚性の構成概念についての検討」『学校教育実践研究』(8), 19-28

図表1-2　業務時間の削減

Q. 1カ月の時間外業務のうち、あなたが減らせると思う時間は？

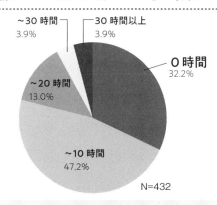

~30時間 3.9%
30時間以上 3.9%
0時間 32.2%
~20時間 13.0%
~10時間 47.2%
N=432

32.2%の教員が「0時間」と回答、つまり減らせないと思っている

出典：横浜市教育委員会・中原淳研究室（2017）「教員の働き方や意識に関する質問紙調査」

や「感情」の問題を背景として無理だと断じている人もいれば、そういった問題をクリアしたとしても、学校や教員の仕事がそもそも持っている特徴を背景として、結局、どうすればいいかわからないと感じている人もいる。

　それは、学校や教員の仕事の複雑さである。次節では、原因④を取り出して考えてみたい。

2 働き方改革を難しくしている仕事の複雑さとは

1 学校の仕事はジェンガみたい!?

　前節では、働き方改革に対する教員の認識について考察を進めてきたが、ここでは、そもそもの教員の仕事の特性の一つ、「複雑さ」から考えてみたい。

　この複雑さに関しては、ある教員は、学校の仕事とは「ジェンガみたいなもの」と表現していた。ジェンガとは、ブロックのタワーを崩さないように、タワーから1個ずつブロックを抜いていくゲーム。このゲームの肝は、抜いてもタワーが崩れないブロックを見つけることであるが、それがかなり難しいのである。

　学校の場合も、一つひとつの取り組みや仕事同士の関係が入り組みすぎていて複雑で、何が何に影響するか予想がつかず、どれを抜いていいかわからないのである。

2 何かをやめることの影響の出方と大きさが測りきれない

　例えば、部活動は単に運動の機会や文化的活動の機会として存在するのではなく、見方によっては、学校に対するコミットメントや、教員との関係性構築の場、進学資料の一部として、また、保護者との関わりの場として機能している。この見方に基づけば、部活動をやめることは単に活動をやめるだけでなく、進学資料の一つをなくすことであり、それは、子どもや保護者にとって混乱を生じさせる可能性がある。ある活動を「抜く」ことが何に影響するか、抜いた結果、どんな症状が出てくるのか、その全体像が読めないのである。だからこそ「何をやめていいのかわからない」のである。

　ちなみに、学校の仕事をジェンガにたとえた教員によれば、ジェンガの

比喩における失敗、つまり「タワーの崩壊」は、学校においては最悪の結末としての荒れや崩壊を意味しているという。何かをやめることが短期的には教員の仕事を減らすことになっても、もしその結果「荒れる」ことにつながってしまえば、仕事の量は激増する。朝や放課後に地域を回ったり、休み時間も学校内をめぐり、さまざまな場に顔を出したりすることになる。一つひとつの生徒指導的な出来事への対応に膨大な時間と労力を費やすことになり、精神的なストレスも計りしれない。その可能性を考えると、ますます萎縮し、何から手をつけていいかわからない。「試しにこれをやめてみよう」という進め方もやりにくくなる。

そういったさまざまな想定をした結果、働き方改革を進めるのは難しいという感情に至ってしまう場合も多い。そのあきらめが4つ目のモヤモヤの源となっているのであろう。

◆

ここまで、働き方改革に対するモヤモヤについて見てきた。本書を手に取っているみなさんの身の回りでも、こういった「モヤモヤ」が広まり、働き方の改善について「無理だ」とか「やりたくない」といったような反応や、「やったふりをしてやり過ごそう」といったような話や気配が出始めているのではないだろうか。いずれにせよ、地域や学校によって程度の差はあれど、まずは働き方改革が簡単に進められるものでないことを受け止める必要があるだろう。

では、なぜ、あえて今ここで、学校という職場のあり方を変えていく必要があるのか？　次節以降では、その理由を、学校を取り巻く変化を含め、4つの視点から述べていく。

6　神林寿幸（2017）『公立小・中学校教員の業務負担』大学教育出版

3 働き方を変えていくべき理由①
学びのアップデート

1 背景①技術革新やグローバル化による社会の変化

　これまで続いてきた働き方を変えていくべき一番の要因は、学校教育における児童生徒の学びのあり方の変化である。それに伴って、カリキュラムや授業を刷新するために教員も学ぶ必要があり、そのための時間が必要だからである。

　この背景にあるのは、社会の変化とそこで必要とされる力の変化である。特に影響が大きいのは、技術革新である。**図表1-3**は、電話などの商品やサービスが開発され、5000万人に普及するまでにどれだけの時間がかかったかを表したものである。例えば電話が75年、ラジオが38年であるのに対してインターネットは4年、Facebookは3.5年である。日進月歩で新たな商品やサービスが開発され、あっという間に世の中に広まる時代になったことがわかる。

　こういった技術革新のうちで、今後最も社会に影響を与えると考えられているのがAIである。例えば、現在働いている人のうち、約半数の人が

図表1-3　商品やサービスのユーザーが5000万人に達するまでの時間[7]

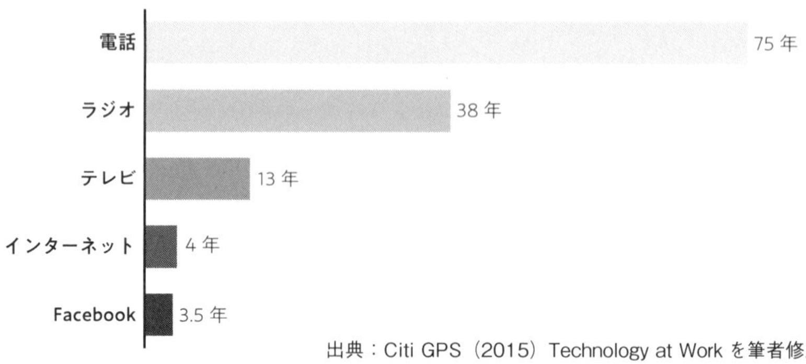

商品・サービス	年数
電話	75年
ラジオ	38年
テレビ	13年
インターネット	4年
Facebook	3.5年

出典：Citi GPS（2015）Technology at Work を筆者修正

就いている職業が、AIによって代替可能であるという説もある。この話の現実味については議論の余地があるだろうが、実際、無人のコンビニや自動運転は始まっている。産業構造やそれに伴う就業環境に変化が起きつつあるのは、間違いない。

　加えて、グローバル化の影響もある。現在、日本国内にはたくさんの外国籍の人が暮らしている。2018年の東京都の新成人のうち、8人に1人は外国人である。実際、都内の飲食店などに行けば外国人の店員がいない方が珍しい。これは決して都市部に限られた話ではない。各地の工場や農業の生産現場などにおいても、外国籍の人が働く姿が珍しくなくなってきた。加えて、2018年12月には改正入管法が成立し、この傾向はより強まっていくと考えられる。その意味で、今後の社会で働く子どもたちは、バックグラウンドの異なる人々と協働しながら何かを生み出すような働き方をしていくことになるだろう。このように、働き方、働く環境がこれから変わってくるとすれば、今後、社会で必要とされる力も変わってくる。

2　背景②生活の変化

　変化が起きると考えられるのは働く場面ばかりではない。技術革新によって生まれた商品やサービスは、人々の生活の環境も変えていく。ここ10年ほどのスマートフォンの浸透と進化が、生活のあり方をどれだけ変えてきたかを考えればわかりやすい。例えば、いつでもどこでもドラマやバラエティー番組が観られるようになり、自分自身が動画を作成し不特定多数の人に発信することも簡単にできるようになった。今後もこういった変化が起こり続けるだろう。

　加えて、技術革新はこれまでの想定を超える新たな商品やサービスも生み出している。例えば、仮想通貨や車の自動運転などは、今後の生活を変

7　Citi GPS（2015）"Technology at Work"
8　野村総合研究所（2015/12/2）「日本の労働人口の49％が人工知能やロボット等で代替可能に」。ただし、9％程度にとどまるという説もある。OECD（2016）,"The Risk of Automation for Jobs in OECDCountries"
9　The Japan Times（2018/1/10）, "Coming of age: 1 in 8 new adults in Tokyo are not Japanese, ward figures show"

えていく可能性が高い。また、教育に近いところで言えば、キャンパスを持たず、入学式もVR（バーチャル・リアリティー）で行うなど、これまでの学校にない特徴を備えた「N高校」の誕生などの動きがある。

　こういった新たなサービスや機関の誕生は、少し抽象的に捉えると選択肢の拡大を意味している。通貨のあり方・学校のあり方など、かつて当然のように想定されていた枠組みとは異なる選択肢が登場したことで、いやが応でも選択や判断の機会は増えてくる。新しいものを自分の生活にどう取り入れていくのか、あるいは、そういったものから距離を置くのか、その時のリスクはそれぞれどうなのか。自分らしい生き方をしていくには、一人ひとりが生活のあり方を考え、多様な選択肢から選びとる力が必要になる。

◆

　以上のような、働くことや生活することの変化の可能性を踏まえると、現在学校教育を受けている子どもたちが20代・30代になる頃には、さまざまな面で今とはかなり異なる世の中になっている可能性が高い。そんな時代を生きる彼ら彼女らを目の前にして、どのような教育を行うべきか、今一度考えるべき時に来ているのではないだろうか。

3　今後求められる力とその教育

　では、今の子どもたちが今後の社会で生きていくために必要な力は、どのようなものなのか。例えば、中原らは今後の社会で必要とされる力について、①対話しながら、創造を愉しむ力、②異文化を愉しみ、多様性に耐える力、③自らの仕事人生と向き合い、学び続ける覚悟の3つにまとめている[10]。他にも、21世紀型スキルなどをはじめとして、今後必要とされる力についての予測は枚挙にいとまがないが、文部科学省は第3期教育振興基本計画[11]において今後育てるべき個人の姿として次のようにまとめている。「自立した人間として、主体的に判断し、多様な人々と協働しながら新た

---

[10] 中原淳（2017）「はじめに」、山辺恵理子・木村充・中原淳（2017）『ひとはもともとアクティブ・ラーナー！：未来を育てる高校の授業づくり』北大路書房
[11] 2018/6/5閣議決定

な価値を創造する人材」である。

　これまでの日本の学校教育の質について振り返ってみると、特に、初等中等教育は国際的にも高い評価を受けてきた。国内のどこにおいても一定のレベルの公教育を受けることができ、それでいて、国際学力テストでも高位を維持し続けるなど、質の高い教育を実現してきた数少ない成功例だと言える。

　しかし、上記で挙げたような、今後の社会に活かせる力を伸ばすような教育を行えているかと言えば、心もとない。例えば、自己肯定感は、自立した個として生きていく上でベースになるものだと言えるが、内閣府の調査（**図表1-4、1-5**）によると、日本の若者は自己肯定感がかなり低いという結果が出ている。「私は自分自身に満足している」「うまくいくかわからないことにも意欲的に取り組む」という質問に対する肯定的な回答の割合は、諸外国に比べるとかなり低い。また、2016年・2017年にAdobe社によって行われた調査によると、12歳〜18歳の子どものうち、自らを創造的であると評価する者は、アメリカが47％、ドイツが44％であるのに対し

図表1-4　各国の若者の意識（1）

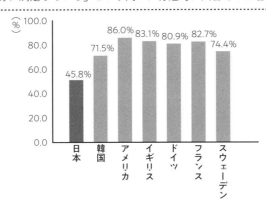

「私は自分自身に満足している」という問いに肯定的に回答をした者の割合

※肯定的回答とは「そう思う」「どちらかといえばそう思う」の合計
出典：内閣府（2014）「平成26年版　子ども・若者白書」

12　Adobe（2017）"Gen Z in the Classroom：Creating the Future"（教室でのZ世代：未来を作る）

図表1-5　各国の若者の意識（2）

「うまくいくかわからないことにも意欲的に取り組む」という問いに肯定的回答をした者の割合

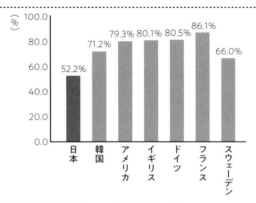

※肯定的回答とは「そう思う」「どちらかといえばそう思う」の合計
出典：内閣府（2014）「平成26年版　子ども・若者白書」

て、日本はわずか8％である。これらの自己評価の低さには、我が国特有の謙虚さ、奥ゆかしさが関わっているとは考えられるものの、それだけでは片づけられないほどに大きな差が生じていると言えるだろう。

　これらの現状を踏まえると、日本の学校教育は、変化を迫られるべき時に来ていると言える。前述した通り、これまでの日本の学校教育の質は大変素晴らしく、誇るべき実績を上げてきている。しかし、それらを踏まえたとしても、今後の学校教育は、そのあり方を変えるべき岐路に立っている。

4　今度の「教育改革」が"本気"の理由

　こういった社会の変化を背景とした動きは、教育行政による教育改革にもつながっている。2017年〜2018年にかけて告示された学習指導要領および、その解説には、「主体的・対話的で深い学び」あるいは「アクティブ・ラーニング」の視点に立った学習過程の改善について記されており、学習者中心で他者と協働しながら学ぶ授業への転換が迫られている。また学習活動も、知識や技能の「習得」を中心としたものから、それらの知識や技

能を「活用」したり、知識や技能をベースとして課題を設定し解決していくような「探究」の活動まで幅を広げることが求められている。

　こうした教育行政による「社会の変化に伴う学校教育改革」はこれが初めてではない。例えば、2005年文部科学省発行のキャリア教育推進に関わるリーフレット「キャリア教育の推進に向けて」においても、前回学習指導要領の解説等においても、「社会変化を背景とした学校教育の変化」というロジックが使われている。そういった理由づけは、これまでも教育行政が改革を行う際の常套句として使われてきた。そのことを肌感覚で感じている人からすれば、本節において述べてきたことは、「またか」「結局、大して変わらないまま過ぎていくだろう」と思うかもしれない。授業を変革することを面倒に感じる人からすれば、今回の改革も「いずれやり過ごせる」ものと見えるかもしれない。

　しかし、今回の改革とこれまでのものとで、確実に異なっている点が一つある。それは、高大接続改革、特に、大学入試制度の変化を伴っていることである。これまでも、まことしやかに「入試が変わらないから教育を変えられない」という話がされてきた。しかし、今回は、その入試にまで手をつける形になっている。教育行政の本気度がこれまでとは異なっているのである。

　2020年度から行われるセンター試験の改革では、国語や数学で記述式が導入され、英語では民間試験の活用が検討されている。例えば、国語は、これまで通りの選択肢の中から選ぶ形に加え、記述式で回答しなければならない問題も設定される予定である。すでにあるものから消去法的に選んでいく際の思考と、ゼロから作り上げ、表現していく際の思考とでは、頭の使い方が全く異なっている。また、2018年度に入ってからは、e-Portfolio入試の導入・拡大なども大きな話題になっている。この方式では、日常的な学びについて記録をつけ、その軌跡が入試で活用される形である。高校での活動の多くが受験に関連づけられてしまうことに対して批判的な意見もあるものの、質の高い学びを実際に経験してきたかどうかが評価されるという意味ではこれも学校教育の変革の方向性に沿ったものと言えるかもしれない。

これらの変化に伴って、すでに、高大接続に直接関わる高校においては、授業に変革が起きつつある。例えば、木村ら[13]によれば、全国の普通科の高校の数学科のうち、2015年の時点で参加型学習（アクティブ・ラーニング[14]）に取り組んでいるところが26.0％であったのに対して、わずか1年後（2016年）には、それが34.5％に増加している。最も高い国語では、54.1％が参加型学習に取り組んでいる。小・中・高の学校種のうちで最も変わりにくいと言われてきた高校において、多くの学校に変化が訪れていることがわかる。入試の変化によって教育の変化を迫るというやり方自体については賛否両論あるだろうが、変革を推し進める上での推進力という意味ではこれに勝るものはない。

　そして、この変化は高校にとどまらないであろう。高校で育てたい力が変化してくれば、入試によって採りたい人材も変わってくる。つまり、高校入試に変化が訪れる。そうすれば、中学校での教育が変わり、そしていずれは小学校にも一定の影響が出てくるのではないだろうか。つまり、今回の変革については教育行政の本気度がこれまでとは異なっている。大学入試を変える方式で高校教育に変革を迫っている。そして、それはいずれ中学校・小学校の変革へと至るものである。変化は間違いなく訪れるのである。

5　変革のボトルネックとは

　前述した変化を実現し、子どもの未来を見据えた形での学校教育へと変貌をとげる上で、課題になるのはいったい何だろうか。

　前述の木村らの調査[15]によれば、参加型授業に取り組む上での悩みとして最も大きかったのは「授業前後の教員の負担が増加する」である。また、悩みの克服方法については、「授業準備に時間をかける」「教員の事務的作

13　木村充・裴麗瑩・小山田建太・伊勢坊綾・村松灯・田中智輝・山辺恵理子・町支大祐・渡邉優子・中原淳（2017）『東京大学－日本教育研究イノベーションセンター共同調査研究　高等学校におけるアクティブラーニングの視点に立った参加型授業に関する実態調査2016：最終報告書』
14　木村ら（2017）の調査では、アクティブ・ラーニングの操作的な定義として「参加型学習」を用いている。定義の中身については報告書を参照のこと
15　木村ら　注13に同じ

業の軽減」など時間の確保に関する項目や、「校外での勉強会や研修会への参加」「校内の研修会や勉強会で取り扱う」などの学びに関する項目の値が高かった。つまり、準備や学びの時間や機会の確保が今後の学校教育の変革にとって重要な意味を持つことがわかる。

では、現在の小中学校において、上記の点に関わる状況はどうなっているだろうか。横浜教員調査では、このような関心から、授業準備の時間が確保できているか、学習指導要領や主体的・対話的で深い学びについて学ぶ時間・研究する時間が確保できているかなどについて質問を行った。その結果が**図表1-6、1-7、1-8**である。

これらを見ると、現状、かなり危ない状況にあることがわかる。今の授業形式においても、教材準備の時間が十分でないと感じているものが80%程度いる。アクティブ・ラーニング的な授業を行うための準備は、より時間と労力がかかると考えられるため、大幅に不足することは目に見えている。また、学習指導要領の理解のための時間確保や、「主体的・対話的で深い学び」のための研究時間確保についても、十分に確保できていないと

図表1-6　教材準備の時間の確保

Q. 翌日の授業の教材を準備する時間を十分に確保している？

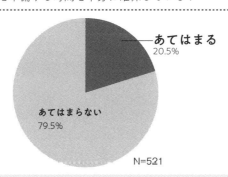

あてはまる 20.5%
あてはまらない 79.5%
N=521

翌日の授業準備の時間が確保できている教員は 20.5% にとどまる

※「あてはまる」「ややあてはまる」を「あてはまる」、「どちらともいえない」「ややあてはまらない」「あてはまらない」を「あてはまらない」として再カテゴリー化を行い、集計した
出典：横浜市教育委員会・中原淳研究室（2017）「教員の働き方や意識に関する質問紙調査」

図表1-7　新学習指導要領の理解

> Q. 新学習指導要領について理解するための時間が十分に確保できている？

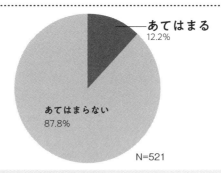

新指導要領理解のための時間が確保できている教員は12.2%にとどまる

※「あてはまる」「ややあてはまる」を「あてはまる」、「どちらともいえない」「ややあてはまらない」「あてはまらない」を「あてはまらない」として再カテゴリー化を行い、集計した
出典：横浜市教育委員会・中原淳研究室（2017）「教員の働き方や意識に関する質問紙調査」

図表1-8　研究時間の確保

> Q.「主体的・対話的で深い学び」について研究するための時間が十分に確保できている？

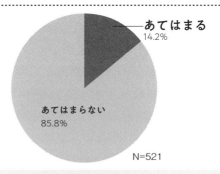

研究時間が確保できている教員も14.2%にとどまる

※「あてはまる」「ややあてはまる」を「あてはまる」、「どちらともいえない」「ややあてはまらない」「あてはまらない」を「あてはまらない」として再カテゴリー化を行い、集計した
出典：横浜市教育委員会・中原淳研究室（2017）「教員の働き方や意識に関する質問紙調査」

回答をしている教員が6割以上である。このような状態で、新しい学習指導要領の実施を迎えることはできるだろうか。

　今、学校における働き方を持続可能なものへと変えていくべき理由の一つがここにある。これからの社会変化を背景として今後の教育のあるべき姿を考える時、アクティブ・ラーニングや主体的・対話的で深い学びを実質化し、子どもたちに質の高い学びを実現していくには、十分な学びの時間と準備の時間が必要である。今の働き方のままでは、ここに費やすべき時間が捻出できそうにない。前述した大学入試制度改革は、2020年度が大きな山場になっている。また、新学習指導要領は小学校で2020年度から、中学校では2021年度から全面実施される予定である。それまでに猶予はほとんどない。

　だからこそ、今、働き方を変えていく必要があるのである。

4 働き方を変えていくべき理由②
人材確保の持続可能性

1 「ファクト」と「ムーブメント」による問題化

　ここでは、教員が働き方を変えていくべき理由の2点目について考えるために、まずは、教員の働き方が問題化されていくプロセスについて振り返ってみたい。

　近年、国際調査（TALIS）や、文部科学省による勤務実態調査などの結果が出るたびに、教員の1日の労働時間の長さや休日出勤の実態などが話題になってきた。例えば、**図表1-9**はTALIS2013を基にした各国の教員の1週間の労働時間の比較である。調査参加国の平均が38.3時間であるのに対して日本は53.9時間で最長となっている。

　また、**図表1-10**は、文部科学省が中央教育審議会等で教員の勤務の実態説明をする際に用いている資料であり、30人以上規模の事業所における勤務時間外労働時間が約12.9時間であるのに対して、教諭は約42時間とな

図表1-9　各国教員の労働時間（1週間）

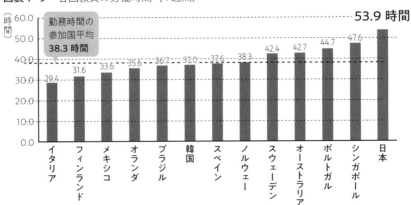

出典：OECD 国際教員指導環境調査（TALIS）2013

っている。さらに、これは「持ち帰り」の仕事を含まないデータであるため、本当の時間外労働はさらに長いものと考えられる。これらの「ファクト」によって、国際的に見ても日本の教員の労働時間が長いこと、また、国内の他の職業と比較しても過酷な労働環境にあることが明らかになった。

かつては、教員がどんなに「忙しい」と言っても、「でも、夏休み長いんでしょ？」といったような誤解にもとづく反論を受けるか、あるいは、公務員が忙しさを表明することに対する脊髄反射的な反論、極端に言えば「税金で雇われているくせに文句を言うな」といった反応を受けることもあった。数年ほど前においても、ある自治体で教育委員会が「教員の多忙」とそれを踏まえた「ご協力のお願い」を保護者や地域に通知したところ、たくさんのお叱りを受けたという話も聞く。学校という職場が本当に忙しいということが社会的に知られるようになったのは最近になってのことで、「ファクト」なくして、それは成し得なかっただろう。

一方で、それだけでは、おそらく現在のような、学校という職場における働き方改革の流れには至らなかったはずだ。「忙しさ」を外に向けて発

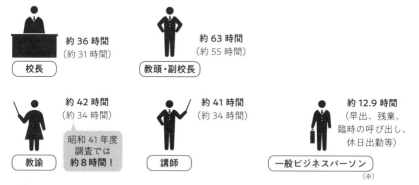

図表1-10　職種別平均残業時間（1カ月）

校長　約36時間（約31時間）
教頭・副校長　約63時間（約55時間）
教諭　約42時間（約34時間）　昭和41年度調査では約8時間！
講師　約41時間（約34時間）
一般ビジネスパーソン　約12.9時間（早出、残業、臨時の呼び出し、休日出勤等）（※）

※学校関係者については文部科学省（2006）「教員勤務実態調査」をもとに算出されている。カッコ内は、勤務日のみの残業時間
※一般ビジネスパーソンについては、厚生労働省（2007）『労働統計調査』における、「30人以上の事務所規模の月間所定外労働時間」をもとに算出されている
出典：中央教育審議会（2015/1/20）「学校や教職員の現状について」

16　かつては、子どもが夏休みの間、教員も数十日の休みを取っていた時代もあったが、現状はお盆前後の数日間である

信することはしやすくなっても、学校の内部で声を上げることは依然として難しかった。目の前にいない文部科学省や教育委員会、あるいは世間に対する不満や愚痴を共有することは簡単にできても、学校におけるこれまでのやり方に問題を突きつけるのは簡単ではなかった。というのも、これまでのやり方を作ってきたり、そのやり方の中で活躍してきた人、例えば管理職や教務主任、中学校で言えば生徒指導や部活動顧問など、その学校の仕事のあり方や文化に対して影響力の強いメンバーが目の前にいるからである。そんな状況で職場のあり方に批判的な声を上げることは、やはり難しかった。

そのような状況を打開する上で大きな役割を果たしたのが「ムーブメント」である。ここ数年、TwitterなどのSNSや新聞などのマスメディアを通じて、学校の働き方が厳しい状況であるということが盛んに伝えられるようになった。時には、労働環境が不適切な状態にあることを表す「ブラック」という言葉で、喧伝されることもあった。**図表1-11**は、2017年4月28日の毎日新聞の紙面であるが、こういった記事やSNSが話題になり、教員の働き方をテーマとした書籍がベストセラーになるなどした。この動きは、新たなつながりを生み出した。働き方に疑問を持つ同士が学校外でつながり、連携するようになった。現状の学校の働き方を批判的に捉える者

図表1-11　教員の働き方に関する報道の例

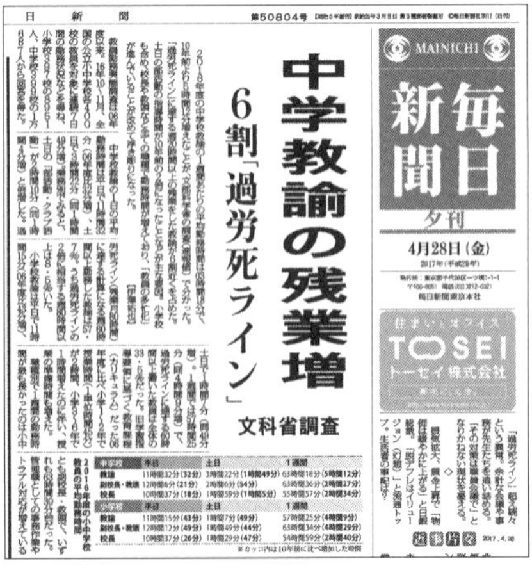
毎日新聞
夕刊
4月28日(金)
中学教諭の残業増
6割「過労死ライン」
文科省調査

2016年度の小中学校教員の平均勤務時間

中学校	平日	土日	1週間
教諭	11時間32分(32分)	3時間22分(1時間49分)	63時間18分(5時間12分)
副校長・教頭	12時間6分(21分)	2時間6分(54分)	63時間36分(2時間27分)
校長	10時間37分(18分)	1時間59分(1時間5分)	55時間57分(2時間34分)
小学校	平日	土日	1週間
教諭	11時間15分(43分)	1時間7分(49分)	57時間25分(4時間9分)
副校長・教頭	12時間12分(49分)	1時間49分(44分)	63時間34分(4時間29分)
校長	10時間37分(26分)	1時間29分(47分)	54時間59分(2時間40分)

※カッコ内は10年前に比べ増加した時間

出典：毎日新聞（2017/4/28）夕刊1面

が自分だけではないことを知り、多くの教員が声を上げやすくなった。「ムーブメント」は教員自身が問題意識を表明することを後押ししたのである。

　こうして「ファクト」と「ムーブメント」があって、初めて、学校における働き方が顕在化したのである。現在のように、学校という職場の改善が学校の内外で議論される流れを生む上で、これらが果たした役割は非常に大きい。

2　「ファクト」と「ムーブメント」の副産物

　この「ファクト」と「ムーブメント」は思わぬところにも伝播した。教員を志望する若者である。

　毎日新聞によれば、国公立大の教員養成系の学部の志願倍率は3.9倍であり、2010・2011年度の頃の4.6倍から下がっている。また、駿台教育研究所の調査によると、私立大学でも教員養成系学部の倍率は下がっており、13年度が14.97倍だったのに対して、17年度は11.47倍に下がったという。

　他にも、各地の国立大学の教育学部において、教科やコースによっては、倍率1倍台の学部が散見される。教育系に対する志望は、民間就職への志望状況と反比例すると言われる。民間においてここ数年は売り手市場になっており、就職状況が良いということもあるが、それにしても、かなり倍率は低い。前述の毎日新聞において、駿台教育研究所の石原賢一・進学情報事業部長は「高校生は身近で見て教員の仕事の厳しさを知っている。少子化で教員という職業そのものへの不安もある。景気が回復しつつある今、わざわざ『いばらの道』を歩きたくないという意識が働いているのだろう」と推測している。

　教育系の大学志望者のみならず、実際の教職志望者数もかなり少なくなっている。例えば、2018年度実施の新潟県教員採用選考では、300人の枠に対して342人という応募状況であり、1.14倍という倍率であった。

　こういった教職志望者の減少は、学校で働く人にとって、他人事ではな

17　毎日新聞（2018/2/25）「大学入試『忙しい教師』敬遠？　教員養成学部の倍率低く」
18　新潟県教育委員会webサイトより。出願段階における小学校出願形式Ⅰの倍率

い。一番の問題は、単純に人材不足につながりやすいことである。昨年度、今年度ともに、産休や育休によって生じた枠を埋められる教員候補者が見つからず、授業ができない状態が続いている学校があるなど、人材不足が話題になった。[19]

　もう一つは質の低下である。一般的には３倍を切ると選抜の機能を果たせなくなるというが、現状すでに1.14倍の状態である。大学入試の段階ですでに志望者が少ないということは、数年後、採用試験を受ける段階での志望者はさらに減ることが予想される。そうなると、選抜の機能不全はさらに深刻になり、質の低下はまぬがれない。教員の「質」とは何なのか、という点については多様な考え方があるだろうが、それにしても、倍率が「低すぎる」状態が好ましいわけではないだろう。質の低下による学校現場の混乱が、さらなる教職に対するイメージの低下を招いてしまえば、ますます志望者は離れていってしまうのではないだろうか。

3　未来の仲間を確保する

　現状をまとめると、次のようになる。社会的には、学校が忙しいことは認知され、学校内部においては、これから働き方を変えなければならないといった気配は広まりつつある。一方で、そういった認知や気配を高める動きが、同時に、教員志望者や教育学部を志望する可能性のある人には「教員は大変だ」というメッセージとして受け止められている。

　だとすれば、やるべきことは明白である。学校が「変われた」という姿、そして、学校が「ブラック」ではなく魅力ある職場であることを、できるだけ早く若い人たちに見せることである。それがなくては、若手教員の質の低下と志望者の減少がスパイラルになってしまうかもしれない。これが、今、学校という職場のあり方を改善すべき理由の２点目である。

19　例えば、毎日新聞（2017/11/28）「小中教員不足『担任すら決まらず』自治体間で講師争奪」

5 働き方を変えていくべき理由③
大量採用世代の今後と働き方

1 教員の大量退職と大量採用

　今、学校という職場のあり方を変えていくべき３点目の理由は、教員の年齢構成に関係する。

　図表１-12は2013年の愛知県の小学校教員の年齢構成である。50代を中心とする右の山と20代を中心とする左の山の２つがコブになっており、30代後半から40代が手薄になっている。これは同時に、教員の大量退職と大量採用が起きているという状況も示している。右の山に属するたくさんの教員が退職し、それと同程度の教員が採用され左側に20代の山ができるという形である。全国の多くの自治体が現在このような状況になっている。

　ところで、このグラフは、１年経つごとに基本的に右に１歳分ずれていくという特徴を持っている（それぞれ１年に１歳分歳をとるため）。そう考

図表1-12　愛知県の教員の年齢構成（2013）

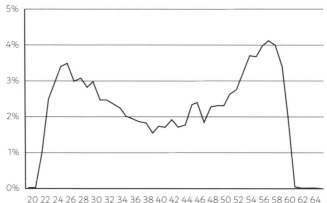

出典：文部科学省（2013）「学校教員統計調査」から筆者作成

えると、このグラフの状態の何年か先には右の山はいずれ消え去り、左の山がより大きくなると考えられる。つまり、若手が最大勢力になる時期がいずれくると予想される。

あわせて、**図表 1 –13**を見ていただきたい。これは、横浜教員調査において尋ねた「未就学児児童を抱えているか」という質問に対する回答の割合を年代別にまとめたものである。それによれば、20代は8.0％、40代は23.4％であるのに対して、30代は41.8％である。

前述した通り、いずれ学校内で若手が最大勢力になる時期が来るが、その層の教員たちが30代後半から40代に至った頃には、全体のうちの子育て世代の教員の割合がかなり高くなると考えられる。

なお、このような状態に至る時期は地域によって異なると予想される。例えば、**図表 1 –14**に示したのは、山形県、高知県、大分県の年齢構成である。**図表 1 –12**で見たような２コブになっている自治体以外で言うと、**図表 1 –14**のような状態になっている自治体も多い。が、いずれこれらの自治体も２コブに移行していく。**図表 1 –15**は、神奈川県の1998年から2010年にかけての年齢構成の変化を表したものである。1998年の状態は、まさに今の山形県などの自治体と同様である。しかし、それが少しずつ右にず

図表 1-13 年代別、未就学児を抱えている教員の割合

年代	割合	人数
29歳以下	8.0%	112人
30～39歳	41.8%	197人
40～49歳	23.4%	107人
50歳以上	0.0%	106人

N=521

30代の教員の41.8％が未就学児の子育てを抱えている

出典：横浜市教育委員会・中原淳研究室（2017）「教員の働き方や意識に関する質問紙調査」

れることにより、右の山が削れ（＝ベテランが退職し）、左の山ができてくる（＝若手が採用されて増えていく）。そしてその先には、同様に左の山が最大化し、それらの教員が30代を迎え、子育て世代の割合がかなり高まると予想される。

図表1-14　各県の教員の年齢構成（2013）

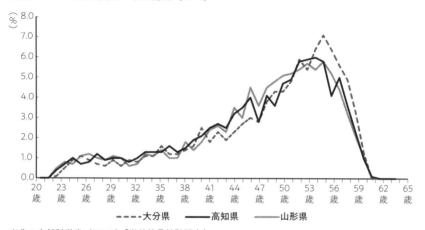

出典：文部科学省（2013）「学校教員統計調査」

図表1-15　神奈川県の教員の年齢構成の変化（1998年〜2010年）

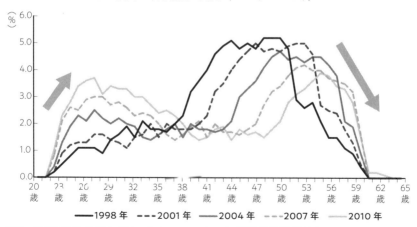

出典：文部科学省（1998, 2001, 2004, 2007, 2010）「学校教員統計調査」

2　子育て世代の働き方

　若手教員の多くが子育て世代となった場合に、まず直近で起こる未来としては、たくさんの数の教員が産休や育休をとることが予想される。それ自体は社会全体にとっても、また、それぞれの教員が自分らしい生き方をするという意味でも大変喜ばしいことである。一方で、それとともに生じる変化にも対応できるようにしておく必要がある。現在でさえ、産休代替や育休代替の講師の確保が難しくなっているとのニュースもあるが[20]、こういったことがさらに起きやすくなるであろう。

　そして、さらにその先に予測されるのは、多くの教員が子育てをしながら働く状況になることである。今回、我々の調査では、学校現場で働いている子育て世代の教員にも調査を行っている。未就学児の有無と性別との組み合わせで全体を4グループに分けて在校時間を比べると、**図表1－16**のようになる。このグラフを見てわかる通り、未就学児有の女性の在校時間が極端に短くなっており、数字からも子育ての負担を女性に強いている現状が浮かび上がってくる。まずはこの負担の平準化を進める必要があるが、平準化が実現したとしても、子育てをしながら働く教員が他の教員に比べ長く働けない可能性は高い。

　前述したボリューム層が働きながら子育てする教員になる時期の学校を考えると、長く働けない教員の割合が高まることになる。

　繰り返しになるが、個々の教員がライフステージに合わせて、家族の状況に合わせて働けるというのは、働き方の観点から言っても重要なことである。

3　今の働き方で学校は回せるのか

　しかし、一方で考えなければならないのは、そのような時期に突入した際に、今の働き方のままで学校は回せるか、ということである。

　子育て世代の教員が増えることを、その他の教員の「負担増」によって賄うという考え方をしてしまうと、それは各人に無理を強いることになっ

20　例えば、毎日新聞（2017/11/28）「小中教員不足『担任すら決まらず』自治体間で講師争奪」

図表1-16　男女・未就学児有無による1日の在校時間の違い

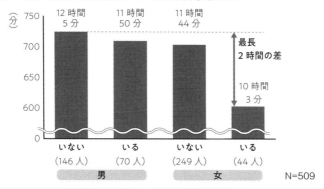

未就学児を抱える女性の在校時間は、他と比べて最長2時間ほどの差

出典：横浜市教育委員会・中原淳研究室（2017）「教員の働き方や意識に関する質問紙調査」

てしまい、持続可能とは言えなくなってしまう。負担の差が大きければ、負担する側にはストレスや不満が、子育て世代の教員には負担させているという引け目が生まれ、職場内でのいびつな人間関係を生じさせてしまう。

　こうした事態を避けるためには、職場の改善を進め、教員が今より余裕を持てる状態にする必要がある。行政の施策によるサポートも必要だろう。また、できるだけ差異が生じないようにするとしても、仕事量を調整し合う部分がゼロになるとは思えない。少なくとも、今のように全体がパンパンに膨れ、余裕のない状態でその時期を迎えるのは厳しい。

　これが、学校の職場改善を進めるべき理由の3点目である。

働き方を変えていくべき理由④
働いて幸せになる

1 忘れがちだが重要なもの

　ここまで、教員の働き方を変えていくべき3つの理由を述べてきたが、これらは全て外的な要因である。「今、働き方を変えておかないと厳しい」という理由を挙げてきたが、追い立てられるようにして変えていくだけでは、モチベーションが湧かない人もいるかもしれない。

　そこで、本節で最後に挙げておきたい理由が、「働いて幸せになるため」である。これまでの根拠に比べてあまりに抽象的、かつ、主観的に思われるかもしれない。実際に、つかみづらいがために、ないがしろにされてきた傾向がある。けれど、働く上で非常に重要な視点である。

2 教員として働いて得る幸せ・失った時間

　教員として働くことで得られる幸せとはどのようなことだろうか。例えば、朝から晩まで、晴れの日も雨の日も、平日も休日も、子どものことを考え続け、次の授業や行事の準備をし、手を変え品を変え、心がつながったと思えば離れ……。そんな風にして一緒に過ごしてきた子どもたちから、卒業式の日に言われた「ありがとう」の言葉。これは格別のものである。教師冥利に尽きる瞬間である。そのための苦労なら全く厭わない、そもそもそれは「苦」ではない。そういう人も多いのではないだろうか。

　しかし、一度考えてみてほしい。そのために犠牲にしてきたものはなかっただろうか。例えば、家族との時間、恋人との時間。本当はもっと一緒にいたかった。自分の子どもの入学式や授業参観。二人の記念日も次の日の仕事が気になって一緒にいられなかったことがあったのではないだろうか。

　もしかしたら、あなた自身はそう思っていないかもしれない。でも、あ

なたの家族や恋人はどうだろうか。もっとあなたと一緒にいたいと思っていたかもしれない。

　他にも、趣味の時間や自分自身のために使いたい時間が本当はあるのではないだろうか。今すぐ浮かばなくても、実は目の前の仕事に没頭するうちに忘れてしまっただけかもしれない。そして、そういったものを犠牲にすることを、いつのまにか当然だと思うようになってしまったのではないか。

3　やりがいがあっても人に勧められない仕事

　このことに関連する、興味深いデータがある。横浜教員調査において、教員の仕事に「やりがい」を感じているかどうか尋ねたところ、8割弱の教員が「感じている」と答えたのだ。教員という仕事は、実にやりがいのある仕事であることがわかる。一方、同調査において若い人に教員の仕事を勧めたいかどうかを尋ねたところ、7割弱もの教員が「若い人に勧めたいと思わない」と答えている。やりがいを感じられる仕事であるにもかかわらず、である。

　教員という仕事の悲哀を感じさせる結果である。「やりがいはあっても若い人には勧めたくない」という思いになるのは、そのやりがいがさまざまな犠牲の上に成り立っているからだとは考えられないだろうか。

4　自分や家族を犠牲にせず子どもたちと向き合うために

　改めて考えてみたいのは、そういった犠牲は避けられないものなのかということである。子どもの学びや成長に貢献し、教員として納得して仕事をすることと、自分や（学校以外の）身の回りの人のために時間を使うこと、その両立の可能性はないのだろうか。「ない」とか「そんなもんだ」とあきらめるのは簡単である。「これまでもそうしてきた」と受け入れることも可能だろう（実際にそうしてきたのだから）。でも、そこをもう一度考えてみてほしい。

　もし、自分が家族や趣味を犠牲にせずに働き、それでいて子どもときちんと向き合うこともできるのであれば、それこそ幸せだと言えるのではな

いか。そして、それは本節で挙げてきた多くのポイントにも関係する。例えば、幸せを感じ、この職業に愛着がなければ、新たなことを学ぶ意欲は湧かない。そして、時間にも気持ちにも余裕がなければ、職場のメンバー間で時間を調整する気持ちにもなれない。また、これから教員になる人たちにとって、ロールモデルにもなれるとしたら、それは、「働きながら幸せになる」ことができている教員なのだろう。

　だからこそ、今、改めて自分や自分の周りの人が幸せになることをもう一度考えてみる必要があるのではないだろうか。これが、４つ目の理由である。

7 自律的働き方改革

1 モヤモヤを乗り越えてできる限りの改善を

ここまで、教員が働き方を改善していくべき4つの理由を述べてきた。学びのアップデートを行う時間を得るため、新たな人材の獲得を持続可能にするため、大量採用された若手教員が余裕を持って子育てができるようにするため、そして、働いて幸せになるため、である。

これらの点を踏まえると、1節、2節で述べたように現状の働き方改革に対して多くの教員がモヤモヤを感じているとしても、やはり今の働き方のままでいいとは言えない。

だとすれば、次は、その働き方の改善のあり方を考えるフェーズである。モヤモヤを乗り越えて、あるいは、モヤモヤを抱えながらでも、できる限りの改善を進めるための方策を考えるべきである。

2 改善のために教育行政が果たすべきこととは

研修会等でこのような話をすると、必ず出てくる意見がある。それは、文部科学省や教育委員会に対する要望である。ストレートに言えば、教員やそれに準ずる人員の数を増やしてほしい、増やせばいいのではないか、という意見である。

働き方の改善を進める上で、教育行政が果たすべき役割は、もちろん大きい。TALIS2013によれば、日本の学校は1クラスの児童生徒の数が諸外国より多い。また、多くの諸外国の教員が授業以外の時間に責任を持たない一方、日本の学校は登校から下校まで、あるいはそれ以外も含めて責任を持ち、一人ひとりの責任範囲が圧倒的に広いという状況である。またプログラミング教育をはじめとして、やるべきことは教育行政の手によっても拡大されてきた。このような条件を変えないのであれば、せめて人を

増やすべきという声は、正論であろう。

　また、よく知られている通り、学校現場は圧倒的にリソース不足でもある。例えば、家庭におけるエアコンの普及率が9割に達するこの時代において[21]、学校におけるエアコンの普及率は小・中学校で41.7%であり、高校で49.6%である[22]。もちろんさまざまな事情が絡むことであるが、基本的に、学校という場に「お金をかけられていない」ことがわかる。人件費についても同様である。この点を変えなければ根本的な解決にならない、というのもその通りである。

3　データで足元を固め、身近なところから考える

　しかし、人員不足や予算不足が、学校や教職員が自らの働き方をそのままにしていい理由にはならないのではないか。今の段階で、できうる限り時間を生み出し、より生産的な活動ができるようにすべきであるのは、前述した4つの理由で見てきた通りである。国家、地方自治体、共に財政状況は著しく悪い。教員の定数増加が今すぐに達成されるとは考えにくい。教育行政への働きかけは引き続き行いながらも、同時に、自分たちの身近なところから考えていければよいのではないだろうか。

　本書は、その点について考えていくためのきっかけづくりとなることを目的としている。1節でも述べたように、働き方の話題はそれぞれの教育観や価値観の違いが如実に表れるものであり、「べき論」が前に出て、事実を踏まえないままの空中戦になることも多い。だからこそ、まずは共通のスタートラインとなるデータを用い、話の土台とすることが必要ではないだろうか。次章以降で、そういったデータを基に、これからの学校と教員の働き方について考えていきたい。

---

[21]　総務省（2015）「消費実態調査」2人以上の世帯における普及率90.0%
[22]　文部科学省（2017）「公立学校施設の空調（冷房）設備設置状況」

第 2 章

数字で描く教員のリアル

本章では、学校教員の働き方について、データから実像に迫っていく。教員全体の働き方の傾向を読み解いた上で、長時間労働をしている教員の特徴、長時間労働に結びついている職場環境を明らかにする。

1 教員の働き方実態調査

1 データから「働きすぎの教員」像を描く

　横浜教員調査は、2017年11～12月、小中学校の教員949人、校長30人、副校長30人を対象に行った。調査概要は**図表2-1**の通りである。

　質問紙では、出退勤、学校外での業務時間、休暇取得状況など、教員の日常の働き方そのものを尋ねている他、職務満足度、仕事上の悩み、仕事観など、働き方の背景にある教員の意識も詳細に問うている。その他、職場の雰囲気や業務分担の状況など、教員個人の働き方と密接に関わる職場環境についても質問した。

　本書では主に教員のデータを基に、さまざまな観点から働き方を考えていく。調査回答者（教員）の内訳は、次の通りである。また、これらの調査を補足するため、教員に働き方についてのインタビューも行った。

図表2-1　横浜教員調査の概要

調査名	横浜市教育委員会・中原淳研究室「教員の働き方や意識に関する質問紙調査」
調査対象者	横浜市立小中学校の教員、校長、副校長
標本抽出法	有意抽出法（地域分布や学校規模等を考慮して抽出）
調査実施法	自記式質問紙によるWeb調査
回答期間	2017年11～12月
調査項目	勤務実態、働き方に関する意識等
対象校数	30校（小学校：20校、中学校：10校）
対象者数	教員949（小学校：610、中学校：339）
	校長30（小学校：20、中学校：10）
	副校長30（小学校：20、中学校：10）
有効回答数	教員521（小学校318、中学校：203）
	校長28（小学校：18、中学校：10）
	副校長27（小学校：17、中学校：10）

図表2-2　調査回答者（教員）の内訳

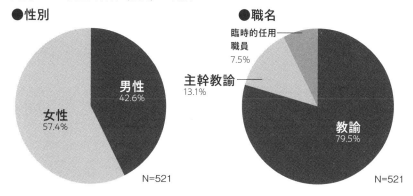

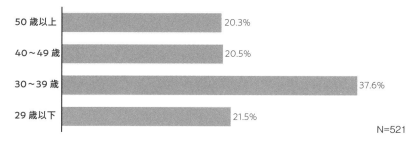

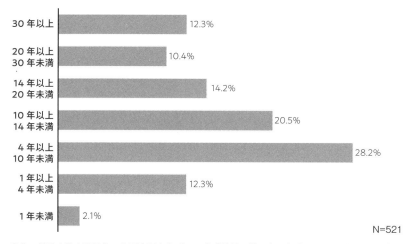

出典：横浜市教育委員会・中原淳研究室（2017）「教員の働き方や意識に関する質問紙調査」

2 横浜の「今」から日本の学校の未来が見えてくる！

　横浜市は、全国の市町村で最多の人口374万人（2018年12月1日現在）の政令指定都市である。それに比例し、市立学校数は509校（小学校、中学校、義務教育学校、高等学校、特別支援学校）と、一自治体としては全国最多である。

　規模の大きさに加え、「課題先進都市」とも呼ばれ、今後日本で教育の課題として挙げられるであろう3つの課題にすでに直面しているのが大きな特徴である。

　1点目は、グローバル化への対応である。近年は、外国籍の子どもたちが増加している。神奈川県は、愛知県に次ぐ全国で2番目に日本語の指導を必要とする児童・生徒が多い自治体である。横浜市での小、中学校に在籍する外国籍などの児童・生徒は、日本国籍を有する「外国につながる児童生徒」を合わせると9100人（2017年5月現在）を超え、その中で日本語指導が必要な子どもたちは、2000人を上回る。教員には「国際教室担当」を配置し、日本語のサポートを行っている。

　2点目は、教員の若年化である。教員の教職経験年数の比率は、10年以

図表2-3　教職経験年数別教員数（横浜市立小、中、高、特別支援学校）

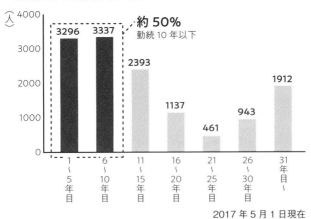

2017年5月1日現在

経験年数が10年以下の若手教員が半数

出典：横浜市教育委員会（2018）「横浜市立学校教職員の働き方改革プラン」

下の教員が約50％に上る。大量退職、大量採用を行った年齢構成比率である。第1章でも見たように、教員の若年化は多くの自治体に見られる傾向であるが、近い将来、大量退職が始まる他の地域でも同様の年齢構成になることが考えられる。

3点目は、新たな教育体制への対応である。横浜市は、多様な子どもたちがいることもあり、新しい取り組みに積極的な風土がある。例えば、小学校にいじめや不登校、学級崩壊など、子どもに関する課題への対応に校内で中心的役割を担う「児童支援専任教諭」を全国に先駆けて配置したり、校内OJTシステムとしてメンターチームによる若手教員の育成サポートを行ったりしている。また、大規模調査なども積極的に行われ、改善・改革にも意欲的である。働き方に関する実態調査もその一つであるが、時代の変化に合わせた制度を構築する姿勢がある。

このように、子ども、教員、教育体制の全てが変化し、それらに対応することが求められている。横浜市の課題は、日本の多くの地域が直面する課題でもある。横浜市の教員像をつかむことは、日々働く教員の数年後の姿を見つめることになるだろう。

3 教員の実態を「時間」「意識」「職場」から読み解く

本章では、横浜市の小中学校の教員の実態を、大きく2つの観点から解説する。

1つ目は教員全体の傾向である。教員の「働く」リアル（2節）、教員の「意識」のリアル（3節）に分けて検証する。1日の平均在校時間、睡眠時間、休日出勤など、働く時間に関するデータから、働き方そのものの傾向をつかむ。さらに、健康への不安、仕事のやりがい、業務改善への意欲など、働き方の背景にある教員たちの意識についても見ていく。

2つ目は長時間労働の教員と職場の特徴である。長時間労働の教員の特徴（4節）では、在校時間が長い教員に着目し、どのような働き方をし、どのような意識を持っているのかをデータを基に特徴的な傾向を明らかにする。長時間労働の職場の特徴（5節）は、長時間労働をしている教員の職場に着目し、職場風土や業務分担などについて職場環境の傾向を探る。

2 教員の「働く」リアル

1　業務時間、4割が「過労死ライン」

　今回の調査では、直近3日間の在校時間を記してもらい、学校での1日の平均在校時間を算出した。その結果、教員の約4割が「過労死ライン」を超えて働いていることがわかった。

　1日の平均在校時間は11時間42分で、42％が12時間以上働いていた。厚労省によると、法定労働時間（1日8時間）を超える労働を時間外労働とした場合、2～6カ月間にわたり、平均で月80時間を超えて時間外労働を行うと、健康障害のリスクが高まるとしている。[1] 1日平均で12時間労働を行えば、健康障害を引き起こす恐れのある月80時間に達する計算になる。この時間外労働月80時間が「過労死ライン」と言われる。

　リクルートマネジメントソリューションズの調査では、企業に勤める20～30代の正社員のうち、[2]「過労死ライン」を超えるレベルで働いている割合は、男性が12.9％、女性が3.9％だった。働き盛りである20～30代の企業の従業員と比較しても、教員の「過労死ライン」の割合は、かなり高い値になっている。

2　教員の1日は朝が早く、夜が遅い、休憩できない

　教員は朝が早い。約25％が6時台に出勤し、7時半までには半数が学校に来ている。8時までには約90％が出勤する。通勤時間が長い教員であれば、毎朝4時や5時に起床している人もいる。企業では、一般的に9時出社が多い中で、学校現場では子どもたちが登校するまでに一仕事する。会

1　厚生労働省（2017）「過労死等防止啓発パンフレット」
2　リクルートマネジメントソリューションズ（2017）「長時間労働に関する実態調査20～30代正社員の月の平均労働時間に関する実態と意識」

社員が出社前の早朝を自己啓発や趣味の時間に有効活用する「朝活」が流行したが、教員はその時間帯にはすでに学校で働いている。

　子どもたちがやって来るまでに行う業務は、授業準備・教材研究、学年・学級経営に関すること、学校運営に関する事務業務などが多い。

　日中は当然ながら授業を行うが、その間、「トイレに行く時間もない」ほど慌ただしく過ごす。特に小学校は安全管理の必要性もあって、児童から目が離せないという。

　その日の授業が終わると、45分の休憩時間が一度設けられているが、その時間帯は99.6％の教員が業務をしている。朝と同様、授業準備・教材研究や学年・学級経営に関することをしている教員が多いが、それ以外には、保護者・PTA対応（27.0％）や会議・打ち合わせ（38.2％）も多い。家に持ち帰れない成績処理の業務に時間を費やしている人も半数以上いる。

　放課後の業務は、朝の業務とほぼ同じだが、特筆すべきは会議・打ち合

図表2-4　教員が学校で行っている業務（上位8位まで）

	出勤から始業まで			休憩時間中			終業後	
1	授業準備・教材研究	90.6%	1	授業準備・教材研究	83.6%	1	授業準備・教材研究	87.1%
2	学年・学級経営に関すること	58.7%	2	学年・学級経営に関すること	60.3%	2	学年・学級経営に関すること	62.2%
3	学校運営に関する事務業務	36.6%	3	成績処理	52.4%	3	成績処理	58.7%
4	成績処理	36.2%	4	学校運営に関する事務業務	44.9%	4	学校運営に関する事務業務	43.6%
5	同僚との相談・対応	34.9%	5	同僚との相談・対応	41.4%	5	同僚との相談・対応	43.0%
6	クラブ・部活動	26.8%	6	会議・打ち合わせ	38.2%	6	会議・打ち合わせ	40.3%
7	学校行事　児童会生徒会活動	19.5%	7	保護者・PTA対応	27.0%	7	保護者・PTA対応	24.4%
8	会議・打ち合わせ	16.5%	8	児童・生徒指導（個別）	23.9%	8	学習指導	17.7%

N＝521

出典：横浜市教育委員会・中原淳研究室（2017）「教員の働き方や意識に関する質問紙調査」

わせ（40.3％）の割合の高さである。放課後には、全体会議、学年会議、担当別会議など、さまざまな役割に応じた会議が設定されている。「会議は大事な情報交換の場なのでやらないと学校が回らないが、簡略化できることもあるのに、時間が決められず、延々と続くこともある」（中学校・女性教諭）という。また、クラブ・部活動は、小中学校全体で見れば14.8％にとどまるものの、中学校のみで見ると、34.5％に上った。

朝早くから出勤しているにもかかわらず、退勤時刻は早いわけではない。19時の段階で65％の教員が職場に残っている。朝7時半から出勤している教員はこの時点ですでに11時間30分、学校に滞在していることになる。それから20時までは約30％、21時までは約10％の教員が仕事をしている。

3　自宅が第2の職場化

自宅に仕事を持ち帰るなどして学校外で業務をしていると答えた教員は約65％だった。そのうち、半数以上が1〜2時間未満、業務を行っている。そのほとんどが授業準備・教材研究（90.0％）である。道徳や英語など新しい教科の対応や児童・生徒に配付するプリントの作成など、学校で終えられなかった仕事の「残業」を行う。

また、未就学児の子育て中の教員は、そうでない教員に比べて、学校外で業務を行っている割合は10％以上高い。これは、子育ての関係で学校に長時間居残ることができないため、家に仕事を持ち帰らざるを得ない事情があることがうかがえる。

4　不眠大国・日本でも最も睡眠が短い職種⁉

教員全体の平均睡眠時間は、5時間52分だった。OECDによる2018年の国別睡眠時間の調査では、日本は7時間22分と、31カ国中最下位。不眠国といわれる日本の中でも、とりわけ教員は日本人平均からさらに1時間半も睡眠時間が短い。

在校時間が12時間以上の教員と12時間未満の教員を比較してみると、12

3　OECD（2018）Gender data portal 2018 Time use across the world.

時間以上の教員は5時間39分、12時間未満の教員は6時間2分だった。長時間労働の教員ほど睡眠が取れていない。インタビュー調査の中では、「なるべく早く休みたいが、翌日の授業準備をするためにやむなく深夜まで起きていることもある」(中学校・女性教諭)などといった声もあった。

5　教員の8割が休日出勤の常態化

教員は平日の慌ただしさに加え、休日出勤が常態化している。約8割の教員は月に1日以上休日出勤をしており、全体の約1割の教員は休日でも全く休めていなかった。

休日出勤で行っている業務は、授業準備・教材研究（77.1%）や成績処理（56.8%）が高い割合を占めるが、特徴的なのは、「クラブ・部活動」（36.3%）、「学校行事・児童会生徒会活動」（12.2%）、「地域対応」（8.5%）が顕著に高いことである。休日は、課外活動や地域のイベントに参加している。

インタビュー調査では「休日は子育てを夫と分担している。学校に来て

図表2-5　休日出勤の有無とその日数（1カ月平均）

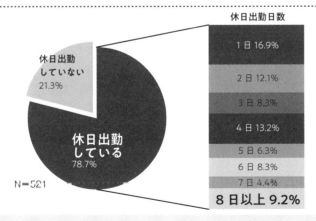

78.7%の教員が休日出勤。土日全て出勤している教員は9.2%

出典：横浜市教育委員会・中原淳研究室（2017）「教員の働き方や意識に関する質問紙調査」

プリントの印刷をするなど、平日に落ち着いてできていない仕事をしている」(小学校・女性教諭)、「休日は、地域のお祭りや会合に顔を出す」(小学校・男性教諭)、「部活動の練習指導以外にも視察や事務運営の仕事がある」(中学校・男性教諭)といった声があった。

6　確実に取れる休暇は夏季休暇のみ

　教員の年次休暇、振替休日、夏季休暇の取得状況をそれぞれ尋ねた。夏季休暇は、8割の教員が100％取得している。一方で、振替休日、年次休暇の取得率は、半数以上の教員が0～20％で、ほとんど取得できていない。

　教員の夏季休暇は、年5日付与されており、「一年で唯一休暇が取れるのは、夏季休暇のみ」と答える教員も多い。しかし、それと同時に部活動の顧問は、「夏季休暇は遠征や合宿に費やす」という声もある。また在校時間が12時間以上の教員の方がいずれの休暇も取得率が下がる傾向がある。長時間労働をしている教員の方が休暇を取得できていない。

図表2-6　休暇の取得状況

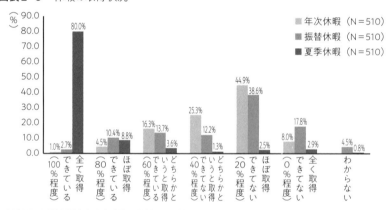

80.0％の教員が夏季休暇の取得率が100％。それ以外の休暇はほとんど取れていない

出典：横浜市教育委員会・中原淳研究室（2017）「教員の働き方や意識に関する質問紙調査」

7 学習・研究　教材研究は理想の約半分
　　読書は3割が月に0冊

　新学習指導要領への改定や新たな教育方法の開発が行われる中で、教員は日々学習や研究を重ね、教育内容のアップデートをしていかなければならない。しかし、75.7%の教員が教材研究の時間が足りていないと感じていた。

　教材研究に必要だと感じている時間は、1週間あたり平均9時間55分だったのに対し、実際に教材研究に費やせている時間は平均5時間11分だった。理想と現実に4時間半以上の差があった。

　さらに、日々の自己啓発（読書など）の時間も不足を感じている教員が76.8%に上った。1カ月あたりの読書量については、約3割の人が1冊も読んでいなかった。授業の質に直接結びつく教材研究や自己啓発の時間を費やすことが困難な状況になっている。

図表2-7　教材研究の時間の不足感

Q. 教材研究の時間が足りている？

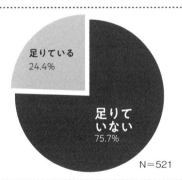

N=521

教員の4人に3人は足りていないと感じている

※「全く足りていない」「あまり足りていない」を「足りていない」、「どちらともいえない」「ある程度足りている」「足りている」を「足りている」として再カテゴリー化を行い、集計した
※四捨五入により、合計が100.0%にならない場合がある
出典：横浜市教育委員会・中原淳研究室（2017）「教員の働き方や意識に関する質問紙調査」

図表2-8　1カ月あたりの読書冊数

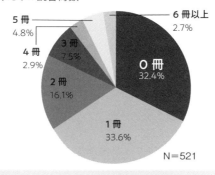

32.4％の教員が0冊

※6冊以上は、6冊（0.4％）、7冊（0.4％）、8冊（0.2％）、10冊（1.3％）、15冊（0.2％）、20冊（0.2％）を合計した割合
出典：横浜市教育委員会・中原淳研究室（2017）「教員の働き方や意識に関する質問紙調査」

8　子育て・介護を抱える教員の「持ち帰り仕事」が増加傾向

　小学校に入学する前の未就学児の子育てをしている教員は全体の22.3％で、介護をしている教員は全体の9.8％だった。

　子育てをしている教員のうち、70.7％が30代で、経験年数10年以上14年未満（35.3％）が中心である。子育てをしている教員の在校時間は平均11時間9分で、子育てしていない教員の平均よりも43分短い。しかし、学校外業務をしている教員の割合は、子育てしていない教員よりも平日・休日ともに約10％高い。学校に長くいられない分、自宅などで子育てをしながら仕事をしていることがうかがえる。「平日は子どもの保育園の送り迎えを必ずしなければならないので、持ち帰れる仕事は持ち帰っている」（小学校・女性教諭）などという声も多い。

　また、介護をしている教員のうち、54.9％が50歳以上で、経験年数も30年以上（37.3％）が中心となる。介護をしている人の平均在校時間は11時間27分で、介護をしていない教員の平均よりも17分短いが、学校外業務を行っている教員の割合は、介護をしていない教員よりも平日で16.7％、休日は13.2％高い。高齢社会が進み、今後ますます介護中の教員が増加し、持ち帰り仕事を行う教員が増加する可能性がある。

教員の「意識」のリアル

2節で見てきたように、教員は多忙な日々を送っている。こうした生活に、教員は働き方や仕事についてどのように感じているのだろうか。3節では調査データをもとに、教員の意識について見ていきたい。

1 やりがいはあっても、若者に勧められない

仕事にやりがいを感じていると答えた教員の割合は78.2％だった。つまり、多くの教員は過酷な業務でありながらも、やりがいを感じている。日々の仕事で得られるやりがいは、何事にも代え難いと感じている教員が多い。

図表2-9　仕事へのやりがい

Q. 現在の仕事にやりがいを感じている？

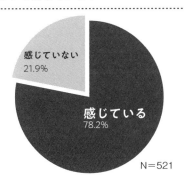

感じていない 21.9％
感じている 78.2％
N＝521

78.2％の教員がやりがいを感じて仕事をしている

※「感じている」「どちらかというと感じている」を「感じている」、「どちらともいえない」「どちらかというと感じていない」「感じていない」を「感じていない」として、再カテゴリー化を行い、集計した
※四捨五入により、100.0％にならない場合がある
出典：横浜市教育委員会・中原淳研究室（2017）「教員の働き方や意識に関する質問紙調査」

図表2-10　若い人に教員の仕事を勧めたいか

Q. これから教員を志す若い人に教員の仕事を勧めたいと思う？

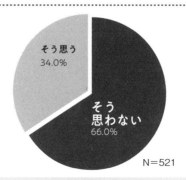

そう思う 34.0%
そう思わない 66.0%
N=521

仕事を勧めたくない教員が66.0%

※「そう思う」「どちらかというとそう思う」を「そう思う」、「どちらともいえない」「どちらかというとそう思わない」「そう思わない」を「そう思わない」として再カテゴリ化を行い、集計した
※四捨五入により、合計が100.0%にはならない場合がある
出典：横浜市教育委員会・中原淳研究室（2017）「教員の働き方や意識に関する質問紙調査」

　しかし、若い人に教員の仕事を勧めたいですかという問いになると、トーンは一変する。66.0％もの教員が肯定的な意見を持っていない。やりがいを感じながらも、仕事は勧めるのをためらう意識がある。
　「学校や人が好きでやる気があるならやればいい」（中学校・男性教諭）という声もあれば、「向いていないと感じる人には勧めたくない」（中学校・女性教諭）や、「入職当初に思い描いているものと違う業務が多い。そういうことも含めてできる覚悟があるなら」（中学校・女性教諭）と述べる教員もいた。

2　半数が健康に不安、働き方や人間関係に悩み

　ストレスを一定以上に感じている教員は78.7％に上る。ほとんどの教員が何らかのストレスを感じながら仕事をしている。
　さらに、健康への不安が「ある」と答えた教員は51.1％だった。また、在校時間が増加するにつれて、健康への不安を感じている人の割合が高くなる傾向にあった。

図表2-11 教員の抱える悩みの内容 上位10項目

1	授業の準備をする時間が足りない	65.2%	6	授業や業務が思うようにできない	33.7%
2	仕事に追われて生活のゆとりがない	58.7%	7	生活指導の必要な子どもが増えた	33.1%
3	保護者との関係	35.4%	8	校務分掌の仕事が負担である	31.2%
4	児童・生徒の関係	35.3%	9	保護者への対応が負担である	29.2%
5	管理職以外の教職員との関係	34.3%	10	仕事に自信が持てない	24.7%

N=521

出典:横浜市教育委員会・中原淳研究室（2017）「教員の働き方や意識に関する質問紙調査」

　教員が抱える悩みについて見ると、何かしらの悩みがあると答えた教員は、67.9%だった。悩みの内容で最も多いのは「授業の準備をする時間が足りない」（65.2%）である。次に「仕事に追われて生活のゆとりがない」（58.7%）であり、やはり長時間労働に関する悩みが高い割合を占めている。そのほか「保護者との関係」（35.4%）、「児童・生徒の関係」（35.3%）、「管理職以外の教職員との関係」（34.3%）と人間関係の悩みが続く。

3　仕事を減らしたいが、児童・生徒に申し訳ない

　長時間労働に関する意識について尋ねたところ、業務時間を減らしたいと思っている教員は82.9%だった。また、時間外業務を減らすことは教職員にとって良いことだと感じている教員も91.2%と、ほとんどが業務時間の削減に対して強い意識がある。

　しかし、1カ月の時間外業務のうち、減らせると思う時間は「0時間」と回答した教員が32.2%に上った。今後、業務改善を「積極的にやっていきたい」（38.6%）などと、前向きな回答をする教員はいたものの、「取り組みたいが時間がないのでできるかわからない」（28.7%）、「何をやっていいかわからないので行えない」（8.2%）という回答もあった。さらに、「必要性は感じているが、あきらめている」（18.3%）とすでに業務改善することへのあきらめの気持ちを抱いている教員もいる。

　長時間労働の改善に対する思いはあっても、現実を考えるとなかなか改善はできない。そんな複雑な事情が垣間見えるが、この背景にどんな意識があるのだろうか。

　教員には「教育」に携わる職業ならではの心境が垣間見える。それは業

務時間削減に対するためらいの気持ちである。時間外業務を減らしたいと思うが、罪悪感やためらいを感じると回答した人が36.6％に上った。また、児童・生徒に申し訳ないと思うと回答した人も22.9％いた。教育の質を高めるために児童・生徒には惜しみなく時間をかけていると答えた教員も59.9％いた。

　時間外業務に対する削減の意識はあっても、実際は子どもたちにできるだけ時間をかけて向き合う方が教育の質は高まると感じている教員が一定数いる。こうした教員の心理が長時間労働と密接に結びついている。

4　3年目までに先輩から刷り込まれる「働き方」

　教員が現在の業務の進め方や取り組み方について最も影響を受けた時期について、「初任者〜3年目」と答えた人が51.3％と半数を超えた。最も影響を受けた人物は、72.0％の教員が「先輩」と答えており、多くの教員が新人時代に先輩から影響を受け、それが現在の働き方につながっていると考えている。

図表2-12　時間外業務の削減に罪悪感やためらいを感じる教員の割合

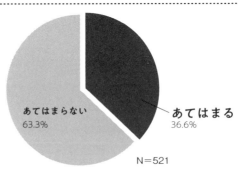

36.6％の教員が罪悪感やためらいを感じている

※「あてはまる」「ややあてはまる」を「あてはまる」、「どちらともいえない」「ややあてはまらない」「あてはまらない」を「あてはまらない」として再カテゴリー化を行い、集計した
※四捨五入により、合計が100.0％にならない場合がある
出典：横浜市教育委員会・中原淳研究室（2017）「教員の働き方や意識に関する質問紙調査」

影響を与えた人物の働き方は「業務時間を気にせずに働いていた」（52.9%）、「児童・生徒のためにできることは時間がかかっても徹底的に取り組んでいた」（77.5%）と答えた教員が多かった。時間をかけて子どもたちと向き合う先輩の姿から学んできた教員が多いことがうかがえる。

5　中学教員の半数が部活指導の知識・技術に不足感

　教員以外が担ってもよい業務に、特別クラブ・部活動の指導を挙げる教員は59.5%に上った。小中学校別に見てみると、小学校で57.2%、中学校で63.1%だった。この項目からは、指導の全てを教員以外の人に任せるのか、部分的に教員以外の人に手伝ってほしいのか、詳細は判断しきれないものの、教員が特別クラブ・部活動に負担感を抱いていることがうかがえる。

　インタビュー調査では「部活は授業以外に子どもが輝ける場としての役割がある」（中学校・男性教諭）、「部活はさまざまな教員が多感な時期の生徒と関われる場として機能している」（中学校・女性教諭）などと、部活動の教育効果を感じている人も多い。

図表2-13　部活指導の知識・技能の不足感（中学校教員）

Q. 部活で指導可能な知識や技術を備えている？

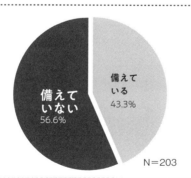

備えていないと感じている教員が 56.6%

※「十分備えている」「ある程度備えている」を「備えている」、「どちらともいえない」「あまり備えていない」「まったく備えていない」を「備えていない」として再カテゴリー化を行い、集計した
※四捨五入により、合計が100.0%にならない場合がある
出典：横浜市教育委員会・中原淳研究室（2017）「教員の働き方や意識に関する質問紙調査」

その一方で、部活の指導可能な知識や技術を一定以上備えていると感じている中学校の教員の割合は43.3%だった。逆に言えば、半数以上の中学校の教員が部活の指導力に何かしらの不安を抱えている。こうした知識・技術不足の問題も教員の意識と関わっていることが考えられる。

4 長時間労働の教員の特徴

　前節までは、学校教員の全体の働き方の傾向を見てきた。4節では、比較的在校時間が長い教員たちに的を絞り、どのような特徴があるのか、長時間労働の教員像に迫っていく。

　具体的には、今回の調査で1日の在校時間が短い群（低群：10時間50分未満）、在校時間が中程度の群（中群：10時間50分以上、12時間30分未満）、在校時間が長い群（高群：12時間30分以上）の3グループに分け、高群の特性を分析し、傾向を明らかにした。[4]

1　属性　子育て経験なしの働き盛り男性教員

　在校時間が長い群（以下、高群）の中で最も多い属性は、男性（53.2%）、教員歴4年以上10年未満（32.9%）、未就学児の子育てをしていない（86.1%）、小学校教諭（67.7%）であった。これらの属性を見ると、働き盛

図表2-14　長時間労働の教員の属性

・男性（53.2%）
・教員歴4年以上10年未満（32.9%）
・未就学児の子育てをしていない（86.1%）
・小学校教諭（67.7%）

4　有効回答数509の全体平均から、標準偏差の2分の1を足した値を基準に高群、引いた値を基準に低群、高群の値と低群の値の間を中群とし、それぞれの群の度数にばらつきが出るように分類した

りの年次であり、家庭などの仕事以外の負担が少ない教員であることがわかる。

またこの群は、月に1回以上休日出勤を行っている人の割合も88.6%と、在校時間が短い群（以下、低群・62.6%）、在校時間が中程度の群（以下、中群・81.9%）よりも高かった。時間をそれほど意識しなくてもすむ生活環境と比較的体力があるとされる若い世代の教員は、在校時間が長くなりやすく、休日出勤も行いがちになる。

これらのデータは在校時間が長い教員の特徴であり、数字に表れていない「ブラックボックス化した労働」の存在にも留意すべきである。子育て世代は長時間学校に滞在しにくく、その分、持ち帰り仕事が多くなる傾向があるという点を意識しておく必要がある。

2　特徴①完全燃焼タイプ

在校時間の長い教員の特徴としては、時間に対する意識が低く、青天井に業務をしてしまう傾向がある。いわゆる「完全燃焼タイプ」である。

「勤務時間以外に業務を行った場合に、それが時間外業務だと意識していますか」という問いに対し、「意識していない」と回答した人の割合は約40%と、高群が他の群と比べて10%以上高くなった。また、「退勤時間を決めて、その時間に退勤できるようにしていますか」という問いに対しても「あてはまらない」と答えた人の割合は、63.2%に上った。業務時間

図表2-15　特徴①完全燃焼タイプ

・時間外業務を意識していない（39.3%）
・退勤時間を決めて、その時間に退勤できるようにしていない（63.2%）

内と業務時間外の境界があいまいな認識のまま、時間を割り切ることができずに仕事に取り組んでいる傾向がある。

この背景には、次のような結果がある。「教育の質を高めるために、児童・生徒には時間や労力を惜しみなくかけている」という問いに対し、「あてはまる」と回答した人は、全体では59.9％である一方で、高群は70.8％に上り、在校時間が長くなる群ほどこの割合が高まる。つまり、時間をかけて極限まで教育の質を高めようとする意識が、長時間労働につながっている。

高群の教員は、教材研究も熱心である。教材研究に費やす時間が全体平均では、1週間あたり5時間11分であったのに対し、高群では5時間58分だった。毎週47分の差があり、1カ月で3時間以上の差が生じる。

しかし、1カ月の時間外業務のうち、減らしたいと思う時間は全体平均では23時間に対して、高群は33.8時間と長時間労働に疑問を抱いているという心境も垣間見える。

昼夜問わず子どもたちと向き合ってきた教員が日本の教育を支えてきた側

図表2-16　時間外業務を意識していない人の割合の比較

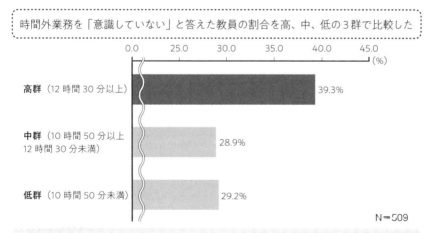

時間外業務を意識していない教員の割合は高群が他の群よりも1割以上高い

※「勤務時間以外に業務を行う場合に、それが時間外業務だと意識しているか」という問いに対する「まったく意識していない」「あまり意識していない」を「意識していない」として再カテゴリー化を行い、集計した
出典：横浜市教育委員会・中原淳研究室（2017）「教員の働き方や意識に関する質問紙調査」

面がある。「完全燃焼タイプ」の教員は、その中心にいる存在なのかもしれない。ただ、教育の質を高めるためには、時間を無制限に費やすことが本当に必要なのか、持続可能な働き方になっているのか、教員の情熱ややりがいを大切にしながらも、今一度、議論の俎上に載せることは重要であろう。

3　特徴②不安憂慮タイプ

　在校時間の長い教員は、自らの仕事ぶりに不安や自信のなさを抱いている傾向がある。いわゆる「不安憂慮タイプ」である。
「教育の仕事はどんなにやっても限度がないと思い、不安を感じながら業務を行っている」と回答した教員が62.7%に上った。在校時間が長い群ほどこの割合が高まる。インタビュー調査では「教育の仕事は、利益が出たかどうかといった数字で成果が表せるような仕事ではないので、何が正しいかはわからない」と話す教員も多く、不安感は教育という仕事の特性も影響しているようだ。
　こうした不安感を背景に、業務を減らすことへのうしろめたさも垣間見える。業務時間を減らすことについて、「児童・生徒に申し訳ないと思う」と回答した人の割合が28.5%で、この項目も在校時間が長い群になるほど割合が高まる。

図表2-17　特徴②不安憂慮タイプ

・教育の仕事はどんなにやっても限度がないと、不安に感じる（62.7%）
・業務時間を減らすのは子どもたちに申し訳ない（28.5%）

また、業務改善に対する意識も、「何をやっていいのかわからないので行えない」とした教員の割合が12.3%で、低群（7.0%）や中群（5.2%）と比べても高い。インタビュー調査では「今でも十分に教育できているのか不安。全て無駄だとも思えないし、何から手をつけていいのかわからない」（小学校・男性教諭）という声があった。長時間労働であっても、不安やうしろめたさが業務の改善を難しくさせていることも考えられる。

　教育は時代の変遷とともに、新しい指導内容へと刷新されてきたというよりも、積み重ねられてきたという言葉の方が実情に近いかもしれない。それは、業務を減らすという観点が見落とされがちであったという点が大きいと考えられるが、教員の業務を減らすことの罪悪感、拭えない不十分感を持つところに、増え続ける業務が侵入していった結果でもある。持続可能な働き方を模索する上で、業務の仕分けが必要な時にきているのではないだろうか。

図表2-18　不安を抱いている教員の割合の比較

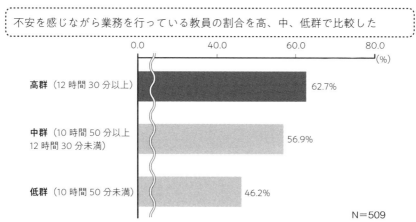

不安を感じながら業務を行っている教員の割合を高、中、低群で比較した

- 高群（12時間30分以上）: 62.7%
- 中群（10時間50分以上12時間30分未満）: 56.9%
- 低群（10時間50分未満）: 46.2%

N＝509

不安を抱いている教員の割合は高群が最も高い

※「教育の仕事はどんなにやっても限度がないと思い、不安を感じながら業務を行っている」という問いに対する「あてはまる」「ややあてはまる」を「不安を感じながら業務を行っている」として再カテゴリー化を行い、集計した
出典：横浜市教育委員会・中原淳研究室（2017）「教員の働き方や意識に関する質問紙調査」

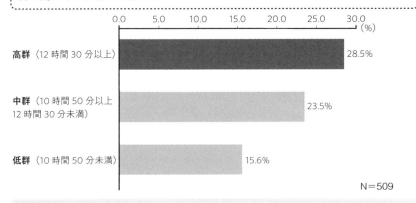

図表2-19　時間削減に申し訳なさを感じる教員の割合の比較

業務時間を減らすことについて児童・生徒に申し訳ないと感じている教員の割合を高、中、低群で比較した

子どもたちに申し訳なく思っている教員の割合は高群が最も高い

※「時間外業務を減らすことについて児童・生徒に申し訳ない」という問いに対する「あてはまる」「ややあてはまる」を「児童・生徒に申し訳ないと感じている」として再カテゴリー化を行い、集計した
出典：横浜市教育委員会・中原淳研究室（2017）「教員の働き方や意識に関する質問紙調査」

4　特徴③何でも屋タイプ

　在校時間の長い教員は、多様な業務を数多くこなしている傾向がある。いわゆる「何でも屋タイプ」である。

　横浜教員調査では、「出勤から始業時刻まで」「休憩時間」「終業後」という3つの時間帯で「授業準備・教材研究」や「地域対応」など19項目のうち、どの業務を行っているかチェックしてもらったが、高群がどの時間帯においても取り組んでいる業務の数が多かった。

　3つの時間帯の業務数を合計すると、低群は1人あたり平均12.1業務、中群は13.2業務、高群は15.0業務だった。高群と低群では1日の業務数に約3業務の差があった。仮に1業務に30分かかったとしても、3業務であれば1日で90分の差が生じる。

　学校運営に直結する事務関連業務を見ると、3つの時間帯いずれでも高群の教員が高い割合で取り組んでいる。例えば、「学校運営に関する事務業務（資料作成・会計など）」では、低群と高群で最大24.4%の差があった。

「学年・学級経営に関すること（事務関係を含む）」では、低群と高群でさらに差が大きく27.8％の差があった。

在校時間の長い教員は、学校内の事務関連業務にとどまらず、学校外との連携業務もこなしている。例えば、「地域対応」「保護者・PTA対応」「行政対応」では、高群が全ての時間帯でこれらの業務に取り組んでいる割合が高かった。

こうしたデータから言えるのは、長時間労働の教員は学校組織内外で多種多様な業務を行っている「何でも屋」になっているということである。

図表2-20 特徴③何でも屋タイプ

・業務数が多い
・学校との連携業務もこなしている

図表2-21 学年・学級経営に関する業務を行っている教員の割合

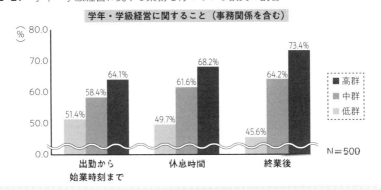

いずれの時間帯でも高群が著しく高い割合で業務を行っている

出典：横浜市教育委員会・中原淳研究室（2017）「教員の働き方や意識に関する質問紙調査」

図表2-22　学校外との連携業務を行っている教員の割合

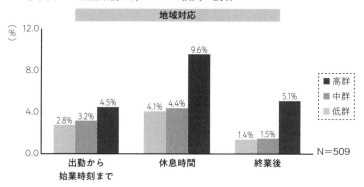

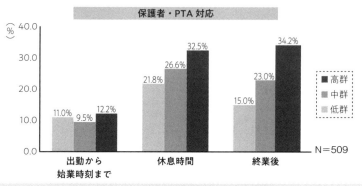

いずれの時間帯でも高群が最も高い割合で業務を行っている

出典：横浜市教育委員会・中原淳研究室（2017）「教員の働き方や意識に関する質問紙調査」

　教員といえば、教壇に立って子どもたちに授業をしているというイメージが強いものの、チラシ配付や地域行事の見回りなど、業務は多岐にわたる。インタビュー調査では、教員として働き始めて最も驚いたことの一つとして、「子どもたちと向き合う以外の仕事がかなり多い」ということを挙げる教員が多かった。そもそもこうした業務を任せられる人がいないという職場の実情もあるようだ。

長時間労働の職場の特徴

　4節では、長時間労働の教員の特徴についてデータを基に考えてきた。教員個人の意識や行動は、職場の協力関係や風土などとも密接に関わっている。ここでは、教員が回答した職場についてのデータを分析し、長時間労働の教員が多い職場の特徴を明らかにする。

1　特徴①業務が属人化している

　長時間労働に結びつく職場の特徴として、業務の属人化が挙げられる。ここでいう業務の属人化とは、教員同士がお互いの業務を把握し合えておらず、誰が何の業務をしているのかわからない職場の状態を指している。

　「業務が属人化している」とした教員と「業務が属人化していない」とした教員では、1日の平均在校時間に20分の差が生じていた。お互いの業務を把握し合えていない職場は、程度の差こそあれ、多くの仕事を個人で対応することが増え、非効率な状況を招いている可能性がある。

　お互いの業務を把握できていないという状況は、職場にとって主に二つのリスクがある。一つは、若手へのリスクである。授業に慣れていない状況で、事務処理や地域との連携など、次々と業務に追われると、長時間労働になることは想像に難くない。職場が若手の働き方を把握していないとき、経験の浅い若手教員の心身に深刻な影響を及ぼす恐れがある。

　もう一つは、特定業務について強い権限を持つ存在が生まれるリスクである。業務が属人化すると、「その人」がいないと仕事が回らなくなる状況が生まれやすい。業務分担ができていないため、時間がかかると同時に、「その人」の職場での特定の業務の権限は強くなる。それによって最適な判断ができなくなったり、「その人」が異動した場合に業務自体が滞ったりする恐れがある。

図表2-23　業務の属人化の有無による1日の在校時間の差

職場で業務が属人化している群としていない群とで、1日の在校時間を比較した

業務が属人化している群の方が在校時間が20分長い

※教員（N＝509）に対し、「職場では、他の教員が何をしているのか把握し合えていない」という問いに回答を求め、「あてはまる」「ややあてはまる」を「業務が属人化している」、「あてはまらない」「ややあてはまらない」を「業務が属人化していない」として、再カテゴリー化を行い、集計した。「どちらともいえない」はグラフでは省略している。
出典：横浜市教育委員会・中原淳研究室（2017）「教員の働き方や意識に関する質問紙調査」

　他の教員が何をしているのか把握できていない職場は、非効率化とリスクを生み出す可能性が高くなる。職場で隣にいる同僚が今、どんな仕事を抱えていて、どういうことに悩んでいるのか改めて考えてみる必要がある。

2　特徴②特定の人に業務が集中

　特定の人に業務が集中しないよう配慮していない職場は、長時間労働になる傾向がある。学校に限らず、多くの業種の職場で、「できる人のところに業務が集中する」とよく言われるが、教員の世界でも同じことが起こっている職場がある。
　「職場で特定の人に業務が集中している」とした教員は、「職場で、特定の人に業務が集中していない」とした教員よりも、1日の平均在校時間が22分長かった。
　この問題は、個人の課題というよりもマネジメントに関する課題である。適材適所に人員を配置し、全体最適を図るために、職場全体を見渡す必要

図表2-24　職場の業務集中の有無による1日の在校時間の差

職場で特定の人に業務が集中している群としていない群とで1日の在校時間を比較した

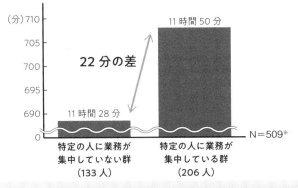

業務が集中している群の方が在校時間が22分長い

※教員（N＝509）に対し、「職場では、特定の人に業務が集中しないようにしている」という問いに回答を求め、「あてはまる」「ややあてはまる」を「業務が集中していない」、「ややあてはまらない」「あてはまらない」を「業務が集中している」として、再カテゴリー化を行い、集計した。「どちらともいえない」はグラフでは省略している

出典：横浜市教育委員会・中原淳研究室（2017）「教員の働き方や意識に関する質問紙調査」

がある。しかし問題は、教員、副校長、校長によって認識のズレが生じることである。例えば、次のようなデータがある。「あなたの職場では、特定の人に業務が集中しないようにしている」という教員に尋ねた同じ問いを、副校長と校長にも質問したところ、「あてはまらない」と回答した割合が、副校長、校長になるにつれて低くなる傾向があった。管理職層には、職場の状態が見えにくくなってしまう可能性がある。

3　特徴③ノウハウが蓄積・共有されていない

　運動会運営方法、卒業式の椅子の並べ方、学級通信や授業で使用する小道具の作り方……。教員が抱える業務は、ちょっとしたことでもゼロから考えると多大な労力を要するものがある。こうしたノウハウの蓄積・共有をしていない職場は長時間労働になる傾向がある。

　業務に関すること、教材いずれにおいても、職場でノウハウを蓄積・共

図表2-25　職場での業務の集中についての意識

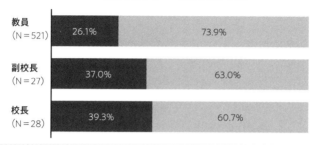

副校長、校長になるにつれて、あてはまらないと答える人の割合が低くなる

※「あてはまる」「ややあてはまる」を「あてはまる」、「どちらともいえない」「ややあてはまらない」「あてはまらない」を「あてはまらない」として再カテゴリー化を行い、集計した
出典：横浜市教育委員会・中原淳研究室（2017）「教員の働き方や意識に関する質問紙調査」

有していない教員の方が在校時間が約20分長かった。インタビュー調査では「こだわりが強い人がいて、なかなかノウハウを共有しようとする雰囲気にならない」（小学校・女性教諭）といった声もあり、ノウハウの蓄積・共有が進んでいない職場もある。一方で、「今はそこまで実行されていないが、資料のひな型や教材の下地が職場全体で共有されていると効率的だ」（小学校・男性教諭）と、積極的に共有を求める声もあった。

　教員は教材作りや報告書作成などに多くの時間を費やす。若手の教員ほどノウハウを持っておらず、ゼロから作り上げていくことが多い。また、独自の手法を作り上げ、一定のノウハウがあるベテラン教員にとっても、より良い方法を模索するためには、他の教員のノウハウを知る機会が重要となる。業務と教材に関する蓄積・共有はさまざまな点で有効となる。

4　特徴④同調圧力が強い

　帰りにくい雰囲気のある職場の教員は、長時間労働になる傾向がある。「職場に定時退勤できない雰囲気がある」とした教員の方が、「職場に定時退勤できる雰囲気がある」とした教員よりも、1日の平均在校時間が11分

長かった。

　帰りにくい雰囲気の職場というのは、さまざまなパターンがあると思われるが、一つは「先輩が遅くまで残っていると先に帰りづらい」といった年上に対する配慮がある。対策としてベテランが積極的に若手に声をかけて帰宅を促したり、校長や副校長がなるべく先に帰る習慣を持ったりして、帰りづらい雰囲気が生まれにくいように工夫している職場もある。

　もう一つは、教員個々人の仕事観が生み出す職場の雰囲気である。4節でも見たように、長時間労働の教員の特徴として、教育に時間や労力を惜しみなくかけ、時間外業務を意識していない点が挙げられる。このタイプの教員が職場に多くいると、遅くまで働いていないと熱心ではないと思われるのではないかと「見えない圧力」が働く可能性がある。周囲に合わせて、無理をして働いている同僚がいないか注意深く見ておく必要がある。

図表2-26　職場での業務のノウハウの蓄積の有無による1日の在校時間の差

職場に業務のノウハウが蓄積されている群とされていない群で1日の在校時間を比較した

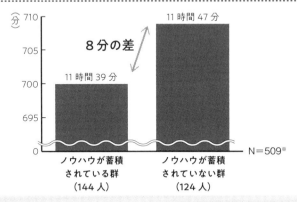

ノウハウが蓄積されていない群の方が在校時間が8分長い

※教員（N＝509）に対し、「職場で業務のノウハウが蓄積されている」という問いに回答を求め、「あてはまる」「ややあてはまる」を「ノウハウが蓄積されている」、「ややあてはまらない」「あてはまらない」を「ノウハウが蓄積されていない」として再カテゴリー化を行い、集計した。「どちらともいえない」はグラフでは省略している

出典：横浜市教育委員会・中原淳研究室（2017）「教員の働き方や意識に関する質問紙調査」

図表2-27　職場の教材共有の有無による1日の在校時間の差

職場で教材を共有している群としていない群で1日の在校時間を比較した

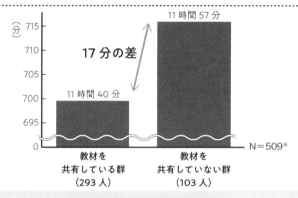

教材を共有していない群の方が在校時間が17分長い

※教員（N＝509）に対し、「職場で教材を共有している」という問いに回答を求め、「あてはまる」「ややあてはまる」を「教材を共有している」、「ややあてはまらない」「あてはまらない」を「教材を共有していない」として再カテゴリー化を行い、集計した。「どちらともいえない」はグラフでは省略している
出典：横浜市教育委員会・中原淳研究室（2017）「教員の働き方や意識に関する質問紙調査」

図表2-28　定時退勤できない雰囲気の有無による1日の在校時間の差

職場に定時退勤できない雰囲気がある群とない群で1日の在校時間を比較した

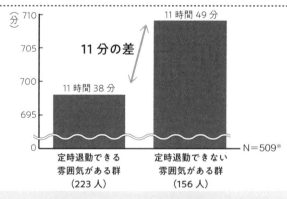

定時退勤できない雰囲気がある群の方が在校時間が11分長い

※教員（N＝509）に対し、「職場に定時退勤できない雰囲気がある」という問いに回答を求め、「あてはまる」「ややあてはまる」を「定時退勤できない雰囲気がある」、「ややあてはまらない」「あてはまらない」を「定時退勤できる雰囲気がある」として再カテゴリー化を行い、集計した。「どちらともいえない」はグラフでは省略している
出典：横浜市教育委員会・中原淳研究室（2017）「教員の働き方や意識に関する質問紙調査」

第 3 章

データから考える働き方改善

　本章では、データを基に働き方の改善を進めていく上での視点や考え方を整理する。まず個人でできる手段について、忙しさの質の違いに目を向け、それぞれのタイプに有効な策を探っていく。次に、組織での打ち手について、定時退勤日のような労働時間に強制的に制限をかけるもの、業務のカット、効率化、業務改善を進める文化の醸成など、打ち手の分類を行い、それぞれについて期待される効果、懸念点を整理していく。そして最後は、働き方の改善を進める際の具体的な導入のし方について、事例と共に紹介する。

1 教員の働き方改善の考え方

1 魔法の手段はない

　第2章では、学校という職場における働き方の実態や、長時間労働や非効率な働き方を生み出してきた要因についてデータを基に述べてきた。本章からは、いよいよ具体的な改善の方法について考えていくが、その前に、働き方の改善に向けた本書の基本的なスタンスを述べておきたい。

　それは、働き方の改善に「魔法の手段」はないということである。これには二つの意味がある。まず一つは、どこの学校にも効果を発揮する手段はないということである。どの手段をとるにしても、学校の文脈、子どもや教職員組織の状態、地域との関係などによって、取り組みの実現性や効果は左右される。学校という組織が地域や子どもを抜きにして語ることができない以上、これは避けられない。そして、もう一つは、一つで全てが解決するような手段はないということである。教員の働き方が話題になって以来、さまざまな学校の取り組みが紹介されてきたが、その中に「これさえやれば」というものがあっただろうか。もしあるのであれば、それはすでに広く紹介されているのではないだろうか。事実、そういったものは見あたらない。

　したがって、これらの前提に基づくと、働き方の改善には次の二つの姿勢が必要になる。一つは、トライアンドエラーをしていくことである。何かに取り組み、状況を見て少しずつ修正しながら、その学校なりの改善策を探求していく必要がある。そして、もう一つは時間がかかることを前提にすることである。ポジティブなマインドは必要である一方で、簡単に解決できると思ってうまくいかなかった場合の失望も大きい。勝算の大きいものを試し、組み合わせ、そして、軌道修正していくことでしか、働き方の改善という目標にはたどりつけない。

「魔法の手段」を求めて本書を手に取られた方がいるのであれば、がっかりされるかもしれない。しかし、考えてみればこれは学校教育に関する他の課題と同じである。働き方だけが特別なわけではない。魔法の手段はないのである。

2　考えるための土台を提案・整理する

では、本章が行うことは何か。それは、働き方の改善に取り組む上で何に手をつけるべきか、考えるための土台になるデータや理論を提示すること、そして、その考え方や手段を整理することである。どんな手段であっても、その特徴やメリット、デメリットの検討を抜きに飛びついてしまうのは、海図を持たないまま航海に出るようなものである。「トライアンドエラー」や「時間がかかる」と書いたが、際限なく失敗を続ける余裕は今の学校にはないのが実情である。

その中で、本章はデータや理論を用いながら、働き方の改善につながりうる「打ち手」について整理する。そして、次の章ではさまざまな打ち手を列挙する。それらをもとに教職員間で対話し、自分たちの未来をつくっていく。そういう姿勢こそ求められるのではないだろうか。

3　個人の取り組みのポイント

本章においても、第2章同様、個人と職場に分けて「今後の働き方」を考えていく。個人の裁量で進められる個人の打ち手と、他者と協働して行う必要がある職場での打ち手とでは実現のプロセスが異なるため、まずは、個人に絞って考えていく。

個人の取り組みについて考える上でまず重要なのは、個々人の忙しさの「質の違い」に目を向けることである。例えば、子どもに手をかけたくて仕方がなくて授業や行事などの準備に無限に時間をかけていくタイプの人と、どんどん仕事が集まって結果的に時間がかかってしまう人とでは、忙しさの質が違う。タイプによって対策は異なってくる。

個人の仕事を効率的・効果的に進めるための方策は、以前から数多くの手段が紹介され、すでに出尽くしている感がある。したがって、今必要な

のは、新しい方法ではなく、自分にとって効果の上がる方法の選び方と、何から取り組んでいくべきかを考えるためのヒントだろう。

4　組織の取り組みのポイント

　次に取り上げるのは、組織の打ち手である。個人の取り組みは重要ではあるが、その効果には限界がある。根本的に働き方を変えるには、学校が行う業務の全体量を減らしたり、一斉に退勤するなど大胆な取り組みが必要だ。そのためには組織としての仕事のあり方を考えていく必要がある。

　組織の取り組みについては、労働時間に強制的に制限をかける取り組みと、業務そのものを削減する取り組みとの違いなど、打ち手の分類とその性質の整理を行う。その上で、打ち手の組み合わせ方や進め方について取り上げていく。

1　例えば、Teacher's Skills Lab（2015）『多忙感をスッキリ解消！「できる教師」の仕事術　時間を生み出し成果を上げる31の技術と習慣』明治図書

2 個人の取り組み①
完全燃焼タイプ

1 自らの意思で長時間労働

本節からは、まず、第2章で紹介した個人の忙しさのタイプに合わせた仕事の進め方について考えていく。

まずは、完全燃焼タイプ（p.88参照）である。教師としての責任と気概にあふれ、授業や行事の準備のために際限なく時間と労力をかけるタイプである。このタイプの特徴は、長く働くことを是とし、自らの意思で長時間労働にのぞんでいることである。まさに、これまでの「いい先生」像のモデルとも言えるタイプである。

このタイプは時間や労力をかけることを全く厭わない。いいクラス、いい授業、いいチームをつくるためなら、どんなに時間や労力をかけてもいいと考えている。実際、**図表3-1**を見るとわかる通り、「児童生徒に時間や労力を惜しみなくかける」という気持ちが強いほど、在校時間は延びていく傾向がある。

2 働き方改革に最もモヤモヤしている

このタイプは、同時に働き方改革に対して最もモヤモヤしている教員たちでもある。自らの信念として時間と労力をかけているのであって、「あなたたちのため」というような顔で時間の削減を勧められても、困惑するしかない。むしろ、自分たちのやりがいを損なわれて迷惑だ、くらいに思っている可能性もある。とはいえ、そのままでいいわけではない。第1章で述べた通り、その働き方では持続可能ではないのである。完全燃焼しつつ働き方も改められるような方向性を求めていく必要がある。

もっとも、「完全燃焼タイプ」も本音では8割以上が時間外業務を減らしたいと考えている（**図表3-2**）。多くが「労力を惜しみなくかける」気

図表3-1 「労力を惜しみなくかける」意識と在校時間の関係

「労力を惜しみなくかける」意識を持っている群とそうでない群とで、1日の在校時間を比較した

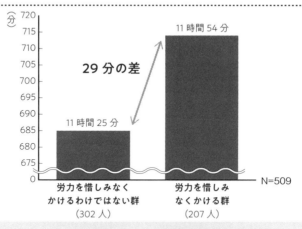

「労力を惜しみなくかける」教員の方が在校時間が29分長い

※「教育の質の改善のために労力を惜しみなくかける」という問いに対する「あてはまる」「ややあてはまる」を「労力を惜しみなくかける」、「どちらともいえない」「ややあてはまらない」「あてはまらない」を「労力を惜しみなくかけるわけではない」として再カテゴリー化を行い、集計した
出典：横浜市教育委員会・中原淳研究室（2017）「教員の働き方や意識に関する質問紙調査」

持ちがあると同時に「時間外業務を減らしたい」とも思っているのである。おそらく、そこには葛藤がある。両立できるならそうしたいと多くの教員が思っているのである。

3 それは本当に「子どものため」なのか？

　前述の通り、このタイプの働き方のベースになっているのは、「子どものために時間をかける」という考え方である。この考え方とどう向き合うか、から考えていきたい。

　まずは、この点に関わる興味深い事例について紹介したい。育児のために、18時には学校を出なければならなくなった、ある先生のエピソードである。その先生は、それまでのやり方を見直し、仕事のスリム化に取り組んだ。その方策の一つとして、ノートへのコメント書きをやめたという。

図表3-2 「労力を惜しみなくかける」群に聞いた「時間外労働を減らしたいか」

「労力を惜しみなくかける」という群を対象に、「時間外労働を減らしたいか」を尋ねた

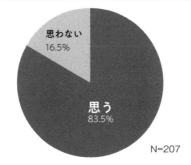

労力を惜しみなくかけたいと思う教員であっても、83.5%は時間外労働を減らしたいとも思っている

※「かなり思う」「ある程度思う」を「思う」、「どちらともいえない」「あまり思わない」「全く思わない」を「思わない」として再カテゴリー化を行い、集計した
出典:横浜市教育委員会・中原淳研究室(2017)「教員の働き方や意識に関する質問紙調査」

回収して一人ひとりのノートにコメントを書き込んでいたのを、口頭でコメントしながら手渡しで戻す方法に改めたのだ。これでざっとおよそ30分(1人1分×30人)の時間短縮になったという。ところが、この"時短"のやり方の方が意外にもコメントが伝わりやすく、子どもたちの理解が深まったという。

実は、これは本書の第5章で対談に登場いただく岩瀬先生のエピソードである(第5章p.176～参照)。詳しくはそちらをお読みいただきたいが、この話のポイントは、時間をかけないやり方の方が子どものためになる場合もある、という点である。

時間をかけるのは手段であって目的ではない。このエピソードは、その混同という落とし穴に気づかせてくれる好事例だろう。

4 優先順位をつける

では、「時間をかければかけるほど、丁寧にやればやるほど、子どもの

ためになるはずだ」という考え方だけで仕事に猛進してしまうのを避けるにはどうしたらよいのか。

　そのヒントになるのは、日常的に仕事の効果や仕事にかかる時間を今まで以上に意識していくことである。とは言え、一つの仕事が複数の意味を持ち、そして、それぞれの仕事が子どもの成長につながるまでの期間、つまり効果が表れるまでの時間もまちまちであるという教員の仕事において、その効果の大きさを判断するのは簡単ではない。しかし、それは「考えなくてよい」とイコールではない。可能な範囲において、その仕事の効果を想像してみる。同時に、そこにかかる時間や労力も考えてみる。まずはそこから始めてみる。

　図表3-3は、横浜教員調査において、優先順位をつけて業務を行っている群とそうでない群との両群について、子どものために「労力を惜しみなくかける」ことと在校時間との関係を見たものである。業務に優先順位をつけるということは、業務の負担と効果、緊急性などを判断基準として、より重要なものや、より先に行うべき業務を判断することである。その「優先順位をつけていくこと」がどのように影響するかを見てみると、興味深い結果が見て取れる。図表3-3を見ると、どちらの群も、やはり、子どものために「労力を惜しみなくかける」という考え方が強いほど労働時間は延びている。しかし、それでも、優先順位をつけている群の方がその傾きがゆるやかである。優先順位をつけるということだけでは働き方が改善するところまではいかないが、まずは、このことから始めてみてもいいのではないか。完全燃焼型の方には、「優先順位をつけながら仕事をする」ことを提案したい。

図表3-3 仕事の優先順位づけと「労力を惜しみなくかける」意識との関係

> 「労力を惜しみなくかける」意識による在校時間の延びを、仕事の優先順位づけをしている群としていない群とで比較した

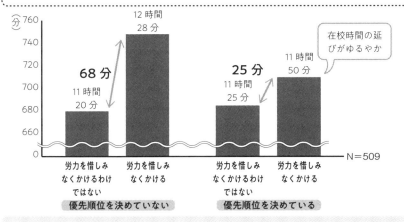

労力を惜しみなくかけるとしても、仕事に優先順位をつけていれば労働時間は長くなりにくい

※「教育の質の改善のために労力を惜しみなくかける」という問いに対する「あてはまる」「ややあてはまる」を「労力を惜しみなくかける」、「どちらともいえない」「ややあてはまらない」「あてはまらない」を「労力を惜しみなくかけるわけではない」として再カテゴリー化した。同様に、「複数の業務の優先順位をつけている」という問いに対する「あてはまる」「ややあてはまる」を「優先順位を決めている」、「どちらともいえない」「ややあてはまらない」「あてはまらない」を「優先順位を決めていない」として再カテゴリー化し、集計した
出典：横浜市教育委員会中原淳研究室（2017）「教員の働き方や意識に関する質問紙調査」

3 個人の取り組み②
不安憂慮タイプ

1 なぜ、やってもやっても不安がつきまとうのか

　前節では、完全燃焼したいという思いからの長時間労働について見てきたが、ここからは、同じ長時間労働型のもう一つのタイプについて述べる。それが不安憂慮タイプ（p.90参照）による長時間労働である。**図表3-4**を見てもわかる通り、「教育の仕事はどんなにやっても限度がないと思い、不安を感じながら業務を行っている」という問いに対して、半数以上が「あてはまる」と回答している。さらに、この「あてはまる」と回答した群と、そうでない群との在校時間の平均の差を見たのが**図表3-5**である。不安を感じている教員ほど、在校時間が長い状態にあることがわかる。

図表3-4　教育の仕事に対する不安

> Q. 教育の仕事はどんなにやっても限度がないと思い、不安を感じながら業務を行っている？

あてはまらない 44.3%
あてはまる 55.7%
N=521

55.7%の教員が仕事に対する不安を感じている

※「あてはまる」「ややあてはまる」を「あてはまる」、「どちらともいえない」「ややあてはまらない」「あてはまらない」を「あてはまらない」として再カテゴリー化を行い、集計した
出典：横浜市教育委員会・中原淳研究室（2017）「教員の働き方や意識に関する質問紙調査」

図表3-5　仕事に対する不安と在校時間の関係

> 不安を感じている群と感じていない群について、1日在校時間を比較した

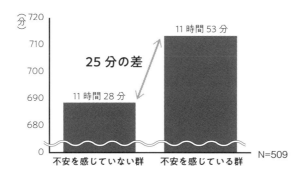

「不安を感じている」教員の方が在校時間が25分長い

※「教育の仕事はどんなにやっても限度がないと思い、不安を感じながら業務を行っている」という問いに対する「あてはまる」「ややあてはまる」を「不安を感じている」、「どちらともいえない」「ややあてはまらない」「あてはまらない」を「不安を感じていない」として再カテゴリー化を行い、集計した
出典：横浜市教育委員会・中原淳研究室（2017）「教員の働き方や意識に関する質問紙調査」

　不安憂慮タイプの長時間労働の原因は、どこまで準備をしても、次の授業、行事、会議に対する不安が拭えないことにある。確かに、教員の仕事はこういった状態に陥りやすい特徴を持っている。それは、仕事の不確実性である。要するに、「思った通りにならない」のである。

2　先読みしづらい仕事とその対処法

　そもそも、子どもは大人の想像通りには動かない。大人であれば当然やらないこともやってしまう。そして、子どもは一人ひとり異なっており、その気持ちは常に変化している。朝1時間目の子どもと昼すぎの子どもは異なっており、突発的な出来事（例えば、前の時間に花瓶が割れた、など）によってもその状態は大きく左右される。よって、授業や行事の際に子どもたちがどのような反応を示し、どのように変化していくかは、経験豊富なベテランであっても予想がつきにくいことがある。
　また、教員の仕事が、それぞれの教員の個性によって左右されることも

よく知られている。単純な例で言えば、Aという教員とBという教員が同じことを言っても、子どもたちへの伝わり方は異なる。であるから、「一般的な知識」に基づき、クラスや子どもが「こうなるのではないか」と予想してもそれは多くの場合、外れてしまう[2]。なかなか先が読めない仕事であるからこそ、事前準備の指針が立てにくいのである。結果、「完璧に準備をしよう」という思考になり、長時間労働になりがちなのは、教員という仕事の一つの特性でもある。では、どうすれば、そのような状態から抜け出せるであろうか。

　これは、教師の熟達という点に深く関わっている。熟達した教師は、「こうすればこうなる」というような単純で一般的な知識ではなく、豊かな即興的思考にもとづいて行動することが知られている。変化や状況に応じて想像力を働かせ、自らの知識を応用したり柔軟に改変したりすることを通じて、対応することができる[2]。

　これは、事前準備のあり方の違いにもつながっている。ごく単純化した例で言うと、子どもから質問が出た時の対応で考えるとわかりやすい。未熟な教師であればあるほど、その場で完璧に答えようとし、そのために関連する全てのポイントについて事前に調べようとする。一方で、熟達した教師は、「どう思う？」と切り返して対話を促したり、子どもと一緒に考えるなど、さまざまな対応が可能であり、必ずしも準備を張り巡らさなくともよい状況をつくり出している。

3　経験から学ぶための「振り返り」

　どうすればそういった柔らかな対応ができる熟達した教師になることができるだろうか。教師の学びの源泉、そして、熟達のヒントは、とにもかくにも、「経験」の中にあると言われている。前述したように、一人ひとりの個性が違えば、教員としての力量形成のあり方も異なってくる。だからこそ、一般的な知識ではなく、自らの経験に根づいた学びを積み上げていくことでこそ、教師は力をつけていくのである。

2　佐藤学（1994）「教師文化の構造－教育実践研究の立場から」稲垣忠彦・久冨善之『日本の教師文化』東京大学出版会

経験から学ぶことを理論化し、モデル化した経験学習サイクル（**図表3-6**）というものがある。経験学習サイクルとは、Kolb（1984）が提唱したものであり、具体的に何かを経験（具体的経験）し、それを振り返り（内省的観察）、そこからの学びを持論化し（抽象的概念化）、それをもとに挑戦的な試みを行っていく（能動的実験）ことで力をつけていくことである。そして、これまでの研究によって、そのようなサイクルを回している教員ほど、力をつけていることが実証されている。このサイクルを回していく上で、鍵になるのは振り返りである。振り返ることをせずにただ経験だけを積み上げていった人と、経験について振り返ることで持論を得て、それを作り替えながら新たな挑戦をしていく人とでは、熟達の度合いが大きく異なる。

ここまでをまとめると、振り返りを中心に、経験からの学びを行っている教員ほど熟達化し、授業での即興的な対応の幅が広がり、事前準備の勘どころもわかるようになり、際限なく時間をかけるような準備の仕方から脱することができる、という仮説を立てることができる。

その検証をするにはさまざまな実験と調査を積み重ねていくことが必要

図表3-6　経験学習サイクル

出典：D.Kolb(1984)Experiential Learning:Experience as the Source of Learning and Development より筆者作成

3　David Kolb（1939〜）アメリカの組織行動学者
4　脇本健弘・町支大祐（2015）『教師の学びを科学する』北大路書房

であるが、少なくとも、我々の調査でも確認できることがある。

　図表3-7は、振り返る時間がとれているかどうかと、「不安で時間をかけてしまう」という教員の行動と意識の関係を分析したものである。振り返りの時間がとれない人ほど、強い不安を感じていることが分かる。

　また、振り返りのポイントになるのは、他者からのコメントでもある。振り返りに他者が加わることで、自分だけでは気づけないポイントに気づくことができるからである。図表3-8は、「アドバイスし合う時間がある」と「不安」との関係である。やはり、他者からのコメントを得られていない人ほど、不安が強いことも分かる。

　振り返りや他者からのコメントを受ける時間をつくることは、直接的に次の日の準備につながるわけではない。しかし、そういった時間の優先順位を上げ、熟達化の道を進むことが、長期的には事前準備の勘どころをつ

図表3-7　振り返りの時間の有無と不安を感じている教員の割合

振り返りの時間がある群とない群について、不安を感じている教員の割合が異なるのか比較した

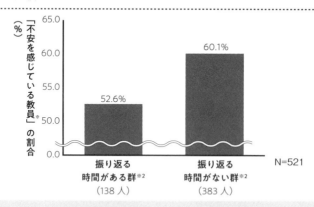

振り返る時間がある群の方が、不安を感じている教員の割合が低い

※1 「教育の仕事はどんなにやっても限度がないと思い、不安を感じながら業務を行っている」に「あてはまる」「ややあてはまる」教員を「不安を感じている教員」とした
※2　「自分の行った授業について、自身で振り返る時間を十分に確保している」という問いに対する「あてはまる」「ややあてはまる」を「振り返る時間がある」群、「どちらともいえない」「ややあてはまらない」「あてはまらない」を「振り返る時間がない」群として再カテゴリー化を行い、集計した
出典：横浜市教育委員会・中原淳研究室（2017）「教員の働き方や意識に関する質問紙調査」

かみ、準備の削減につながることになる可能性が高い。逆に、振り返りの時間をとらないと、熟達化が遅れ、不安が高いままになる。その結果、完璧な準備を志向し、ますます振り返りの時間がとれなくなるという負のスパイラルに陥ってしまう可能性がある。少々遠回りではあるが、不安憂慮型の長時間労働に陥っている人には、振り返りの機会を持つことをお勧めする。

図表3-8　アドバイスし合う時間の有無と不安を感じている教員の割合

アドバイスし合う時間がある群とない群について、不安を感じている教員の割合が異なるのか比較した

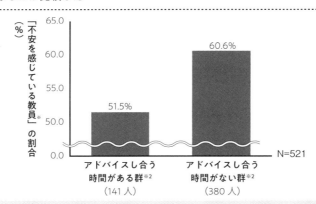

アドバイスし合う時間がある群の方が、不安を感じている教員の割合が低い

※「教育の仕事はどんなにやっても限度がないと思い、不安を感じながら業務を行っている」に「あてはまる」「ややあてはまる」を回答した教員を「不安を感じている教員」とした

※2　「授業改善についてほかの教職員とアドバイスし合う時間を十分に確保している」という問いに対する「あてはまる」「ややあてはまる」を「アドバイスし合う時間がある」群、「どちらともいえない」「ややあてはまらない」「あてはまらない」を「アドバイスし合う時間がない」群として再カテゴリー化を行い、集計した

出典：横浜市教育委員会・中原淳研究室（2017）「教員の働き方や意識に関する質問紙調査」

4 個人の取り組み③
何でも屋タイプ

1 職場のさまざまな仕事が集まってきてしまう

　ここまでは、完全燃焼したいという思いや次の日に対する不安といったような、当人の心持ちに起因する長時間労働について見てきたが、ここからはもう一つの分類、何でも屋タイプ（p.92参照）について見ていく。「何でも屋」とは、職場のさまざまな仕事が集まってしまうタイプのことを指す。例えば、職場内でわからないことがあれば、「とりあえず○○さんに聞いてみようか」となり、何か新しいことを始める時には、「とりあえず○○さんには声かけておこうか」と言われがちな人である。そういう対象になってしまっている教員があなたの職場にもいないだろうか。あるいは、あなた自身がそういう人になっていないだろうか。

　このタイプの教員は、多くの場合、優秀である。優秀でなければ、頼られることはないし、周りの人はその人に仕事を回そうとか相談しようなどと思わない。頼られるだけの能力のある人である。また、基本的にこのタイプの教員は、「いい人」である。人に頼みごとをされて露骨にイヤな顔をする人には頼みごとはしない。そして、（これは人によるが）何でも屋タイプの教員は、場合によっては頼られることを意気に感じている人もいるかもしれない。「あなたがいないと職場が回らない」などと言われるのは、必ずしも悪い気はしないだろう。

　何でも屋タイプは力があり、いい人でもあり、職場にとって大事な存在であることは間違いないが、一方で、そういう人が笑顔の裏で大変苦労していたり、疲弊したりしているというのもよくある話である。ここではそういった人の働き方の改善について考えていきたい。

　なお、教務主任など、そもそもの立場として関係する仕事が多い場合もある。役割ごとの仕事の精選や割り振りなどは非常に重要な話であるが、

図表3-9　互いの業務の把握状況と何でも屋タイプの出現割合

業務の把握ができている群とできていない群に分け、それぞれの群で何でも屋タイプの教員が生じている割合を比較

- 教員間で互いの業務が把握できている：33.1%
- 教員間で互いの業務が把握できていない：45.3%

N=521

何でも屋タイプの出現割合※

お互いに業務の把握ができていない群のほうが、何でも屋タイプの教員が生じている割合が高い

※第2章4節の何でも屋タイプ（p.92）を参考に、抱えている業務の多様性を基準に判定した。終業後の業務（学校運営に関する業務、同僚との相談、会議打ち合わせ、等）について5項目以上にチェックをつけている教員を何でも屋タイプと定義した

出典：横浜市教育委員会・中原淳研究室（2017）「教員の働き方や意識に関する質問紙調査」

ここではそうした役割を超えて何でも屋タイプになってしまう人、なぜか仕事が集まってしまう人の働き方について考える。

2　まずは断れるようになること

まず目指すべきは、そもそも何でも屋タイプにならないことである。そのためには、頼まれた仕事を断ることである。やらない、あるいは、仕事が忙しくてできない、といったことを周りに伝えることを心がけたい。

また、何でも屋タイプが発生する背景には、職場の風土も関係している。**図表3-9**にも示した通り、教職員間の職務量が把握されていて、仕事の不均衡が起きないように努めている職場では、当然「何でも屋」は発生しづらくなる。そういった風土の醸成が、何でも屋タイプの発生を抑制するのである。

3　事前にラインを引いておく

　何でも屋タイプにならないためにあなたがどれだけ仕事を抱えているかをアピールしても、容赦なく仕事が舞い込んできてしまう可能性もある。また、「あなたがいないと職場が回らない」がおべんちゃらではなく、事実である場合もある。つまり、自分が仕事を受け入れなくなってしまうことで、職場に大きな混乱を招く可能性もある。そういった、「何でも屋」であることをある程度受け入れざるを得ない場合に、どのように働いていくべきかを考えていきたい。

　何でも屋タイプは、いつも同時に複数の仕事を抱えている。そして、新しい仕事が常に舞い込んでくる。そんな中で、最も避けなければならないのは、「できるだけ仕事をやってから帰ろう」と考えることである。何でも屋タイプの仕事には際限も上限もない以上、「できるだけやる」とは、結局は、「学校に残れる限り、限界まで仕事をする」とほぼ同義である。そういった働き方は持続可能とは言えない。また、残っている時間が長ければ長いほど、声をかけられる機会も増え、仕事の流入が増えてしまう。

　そこで、お勧めしたいのが、事前にラインを引くことである。時間を基準にラインを引くのでもいい。あるいは、仕事量にラインをつくるのでもいい。とにかく、ラインを先に決めておいて、そこに至ったら帰ることを心がけることが必要である。

4　退勤時間を先に決める

　時間を基準にラインをつくる方法としては、「まず先に退勤時間を決めて、それに向けて働く」というやり方が考えられる。図表3-10は、「その日の退勤時間を決めて、その時間に退勤できるようにしている」かと尋ねた結果と在校時間との関係である。退勤時間を先に決めて働いている群の方が時間は短い。例えば、机上に目印を置いて退勤予定時刻を事前に宣言する仕組みなどを職場全体で導入できればより良いだろうが、それがかなわないとしても、個人の中でその日の退勤予定時刻というラインを決めておくだけでも効果がある。

図表3-10 退勤時間に対する意識と在校時間の関係

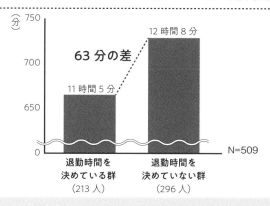

退勤時間を決めて働いている群とそうでない群とで、1日の在校時間を比較した

「退勤時間を決めて働いている」教員の方が在校時間が63分短い

※「その日の退勤時間を決めて、その時間に退勤できるようにしている」という問いに対する「あてはまる」「ややあてはまる」を「退勤時間を決めている」、「どちらともいえない」「ややあてはまらない」「あてはまらない」を「退勤時間を決めていない」として再カテゴリー化を行い、集計した
出典：横浜市教育委員会・中原淳研究室（2017）「教員の働き方や意識に関する質問紙調査」

5　仕事量にラインをつくる

　ラインをつくるのに、時間ではなく仕事量を基準にする方法も考えられる。例えば、本書の第5章に登場する岩瀬氏は、著書の中で「新しい仕事が入ってきたら（その日ではなく）明日以後のやること（todo）リストにつけ足す」と提唱している。当日に組み込む形だと仕事の流入量に左右されるため、1日の仕事量が読めないが、次の日に組み込む形だと、朝の時点でその日にやるべき仕事量が決められる。結果、適切な仕事量とラインが設定しやすくなる。もちろん、生徒や保護者の要望なども無視できないため、当日やらなければならない仕事も発生しうるが、それを踏まえたとしても、基本的には発生した仕事は次の日以降のtodoに入れることが、勤務終了の基準となるラインをつくるための手助けになると考えられる。まずはそこから始めてみてはどうだろうか。

5　岩瀬直樹（2016）『成果を上げて5時に帰る教師の仕事術』明治図書

5 持続可能な職場づくり

1 個人の取り組みの限界

　前節までは個人で取り組めることについて書いてきたが、本節からは組織としての打ち手について書く。個人の取り組みは、これまで示したデータを見てもわかる通り、効果はあるものの、それだけでは改善には限界がある。抜本的に変えていくには、そもそもの仕事の量を減らすなどの取り組みが必要で、組織として仕事のあり方を考えていく必要がある。

2 外科手術と漢方治療

　学校における働き方改革が喧伝されるようになってしばらく時間が経ったが、この間、組織としての取り組みも少しずつ広まってきた。例えば、定時退勤日の設定などは、多くの学校で取り組まれているのではないだろうか。中学校では、部活動ガイドラインが示され、それをもとに部活動休養日が設定されている地域や学校も多いのではないか。

　ただ、これらの施策が話題になる度に懸念されてきたのが「骨抜き化」である。公的には「休み」と言いつつも、実は「地域クラブ」の仮面を被って、また、「自主練」という形を装って、練習してしまったりする。また、「ウヤムヤ化」も指摘されてきた。最初は多くの人が定時退勤日・部活動休養日を守っていたとしても、その中で、突発的な何かの事情によって学校に残る教員や練習する部が出てくることはあり得る。そしてそれをきっかけに、なし崩し的に「休まない」が選択できるようになっていく。そういう結末になると予想されているのである。

　「骨抜き化」も「ウヤムヤ化」もどこにでもありそうな話である。どちらも根っこは同じで、結局は、教員の考え方や、その集合としての文化が変わらなければ、いかに施策を強いたとしても意味はない。しかし一方で、

具体的な施策抜きに自然と職場の文化が変わることはない。日本の学校教育には、多忙の問題が長年指摘されても、改善されなかった歴史がある。ある程度の強制力を持った具体的施策がなければ変われないのではないだろうか。

では、どうすればよいのだろうか。結論はシンプルで、定時退勤日のような、具体的に働き方を変えていくための施策と、文化を変えていくための取り組みを、両にらみでやっていくことである。文化の変容がなければ具体的施策の持続的な効果は見込めず、具体的施策なしに文化の変容を期待することも難しい。両方とも必要なのである。

これらは、病気治療にたとえて言うなら、外科手術と漢方治療のようなものだ。即効性のある施策と、ゆるやかに深く浸透させ、体質改善を促す施策の両方によって、組織の健康を取り戻すことができるのである。

過労死ラインを超えている教員が5割近くいることや、新学習指導要領の実施、大学入試改革などが直前に迫っていることを考えれば、危機的状況にあることは間違いない。だとすれば、「外科手術」が必要である。非効率的な業務を改善し、明らかにやらなくていいことはカットし、効率化のための仕組みを導入するといった施策が求められる。それと同時に組織体質の改善に効く漢方治療的な施策が必要である。今までのように遅くまで残る人だけが認められるのではなく、早く帰る人や効率的に働く人も賞賛され、そういったことにつながる取り組みをポジティブに捉えるような空気を醸成していくことが求められる。

繰り返しになるが、重要なのは両者が異なることと、両方取り組まなければならないことを理解することである。そういった整理なしに猪突猛進をしても、うまく効果が上がらず、「骨抜き化」や「ウヤムヤ化」などを経て、働き方改革の失敗という結末になりかねない。

3 外科手術：3つの打ち手

「外科手術」と「漢方治療」のうち、前者についてさらに細かく見てみると、以下の3タイプに分けることができる。

①キャップ系

　キャップ系とは、労働時間に強制的に「蓋（キャップ）」をする施策である。たびたび取り上げている定時退勤日や、部活動休養日などがこれにあたる。企業や公官庁などで取り組まれている、PCの一斉シャットダウンや一斉消灯なども、労働時間の強制的な終了を後押しするという意味で、これにあたる。

②カット系

　カット系とは、業務をやめること、つまり、何かをカットすることである。例えば、行事や会議の精選などがこれにあたる。あるいは、外注によって業者や地域、保護者などにその業務を担ってもらうこともこれに近い。

③効率化系

　効率化系は、非効率なやり方を改め、効率的なものにしていくことである。例えば、過去の資料を整理して使いやすくしておくことや、人の動線を意識して職員室のレイアウトを組み直すこと、ファイルや教材の共有などがある。

　それぞれ次節以降、期待される効果や懸念点などを整理していく。

4　漢方治療

　一方の「漢方治療」は、業務の改善や効率化に前向きに取り組む文化を育んでいくことである。

　これは、一朝一夕で実現されるものではない。自分たちにも働き方を変えられるという効力感や、働き方を変えた結果として生まれた成果などを共有していくことで、徐々に根づいていくものと考えられる。

　この長期的な変化を実現していくには、一部の教員や管理職が急進的に進めていくだけでは息切れしてしまう。教職員が一体となって取り組んでいくという意識を持つことが、取り組みの持続可能性を高めていくのではないだろうか。「漢方治療」については、そういった視点から整理していく（p.134〜参照）。

6 組織の取り組み①
外科手術・キャップ系

1 効果のわかりやすさが第一のメリット

「外科手術」のうち最初に取り上げるのは、キャップ系である。キャップ系の代表格は、前述した通り定時退勤日の設定である。キャップ系の良さの一つは、何と言ってもわかりやすいことである。全員一律で帰ることにすれば、在校時間を見ても明らかに違いを生み出すことができる。**図表3-11**は、横浜教員調査において、それぞれの施策をやっている学校とやっていない学校の教員たちの在校時間の差をとったものである。施策の効果の近似値と言える。定時退勤日は、その差が最も大きい施策である。つまり、大きな効果が期待できる取り組みだと言える。

図表3-11 各施策と残業時間抑制効果

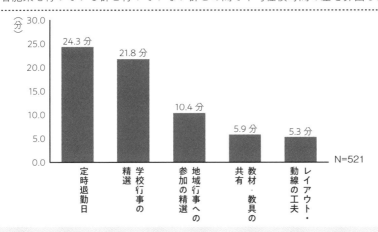

定時退勤日の有無による差が最も大きく、学校行事の精選、地域行事への参加の精選が続く

2　持ち帰り仕事の増大化

　一方で、定時退勤日の実施は持ち帰り仕事が増える可能性が高いという懸念もある。中学校に勤めて10年目のある教員は、この点について次のように述べていた。

「定時に帰れって言われたって、仕事やる場所が変わるだけ。だって、普段、夜7時や8時まで仕事してやっと回してるんですよ。我々の仕事はいつもギリギリ。それを、5時に帰れって言うんだから、次の日の準備が終わるわけない。だったら家なり外でやるしかない」

　仕事量が変わらず退勤時間だけキャップがはめられてしまえば、残りの仕事は自宅や校外のどこかでやるしかない。加えて、昨今、コンプライアンスやセキュリティーの関係で学校外に持ち出せない情報や資料が増えており、持ち帰りでは対応できない仕事も増えている。そのため、この施策がかえって働きにくさを生じさせたり、前述した「骨抜き化」や「ウヤムヤ化」を促してしまったりする側面もある。それは、キャップをはめる側にとっても不幸である。学校内で退勤などを呼びかけることになるのは管理職であるが、最近では「ジタハラ（時短ハラスメントの略）」なる言葉もある。「早く帰ろう」「退勤しよう」という声かけ自体が不快に感じられたり、嫌がらせとして捉えられることもある。前述の教員は次のようにも述べていた。

「最初の頃は早く帰りましょうって言ってたけど、最近は、帰りましょうねーっていう感じの柔らかい言い方になった（笑）。絶対、わかってるんですよ、持ち帰らないと無理だってこと」

　このケースはお互いの事情もわかっていて教員の不満の度合いはそれほどでもないが、もともと関係性が良くなかったりする場合には、こういったズレが先鋭化し、対立につながることも考えられる。もしそうなれば、本来教員の生活や健康を守るための働きかけが学校内に溝を生む、働きにくさを生むという悲劇を起こしかねない。

3　効果と懸念点を踏まえてトライしていく

　懸念点がゼロではないことを踏まえても、キャップ系がもたらす効果は

大きい。特に、次に述べるカット系の施策と組み合わせることで、持ち帰り仕事の問題が生じにくいようにすることもできる（この点については後述する）。また、キャップ系を行うことが退勤時間以外にも波及効果を生む可能性も考えられる。例えば、**図表3-12**は、キャップ系の代表的な対策である定時退勤日を設定した群と設定していない群とで、職場に関する問いへの肯定的回答の割合を比べたものである。定時退勤日がある学校の方が業務改善意識が高いことがわかる。確かに、非効率な会議があったり、誰かに仕事が集中しすぎたりしていれば、定時での退勤を実現することができない。定時退勤日を設定したことで、業務改善の意識が高まった可能性もある。

　以上のように、キャップ系の打ち手は、直接的な効果も波及効果も含め、違いを生み出す可能性が高い一方、持ち帰り仕事が増えたり、働きにくさが高まったりするという懸念もある。キャップ系の打ち手を取るのであれば、そういった傾向を理解し、他の施策との組み合わせを検討しながらトライしていく必要がある。

図表3-12　定時退勤日の有無と職場の状況

定時退勤日がある群とない群とで、職場の状況や雰囲気を比較した

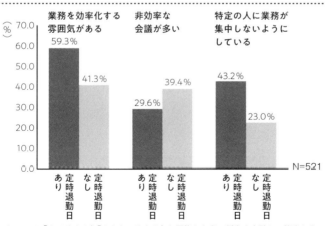

※各問いについて「あてはまる」「ややあてはまる」と回答した者の割合を合計して算出した
出典：横浜市教育委員会・中原淳研究室（2017）「教員の働き方や意識に関する質問紙調査」

7 組織の取り組み②
外科手術・カット系

1 「やめること」をめぐる葛藤

　カット系の代表的な方法は行事や会議の精選などである。p.123の**図表3-11**を見ても、行事の精選は労働時間の削減に対して直接的な効果が大きいことがわかる。

　一方で、学校の中で何かをやめることはさまざまな葛藤を生じさせる可能性がある。第1章でも述べた通り、学校で行われるほとんどの活動は、子どもに対する何らかの意味があるからこそ行われている。その「意味あるもの」をやめるのだから、教員がその意味を感じていればいるほど、反対が生じると考えられる。

　加えて、より難しいのは、その意味の重みが教員ごとに異なっている点にある。例えば、合唱指導について重点的に学び、取り組んできた教員にとって、合唱コンクールは単なる合唱以上の意味を持つ。例えば、合唱コンクールが1年間の学級経営においてなくてはならない存在になっている可能性も高い。また、合唱指導を専門としてきたのであれば、合唱コンクールがなくなるということは、その教員が今後専門性を発揮しづらくなることも意味している。したがって、合唱コンクールの「カット」は避けるべき事態である。しかし、一方で、合唱にあまり思い入れがない、そして合唱指導が得意でない教員にとっては、合唱コンクールは負担の重たい行事と言えるかもしれない。このような関係がある中で「やめるか、継続するか」という検討をすれば、両者の意識の違いが浮き彫りになり、学校組織内に溝が生じる可能性さえある。校内の多くの業務について、カットする際には、こうした難しさが生じる可能性がある。

2 その仕事は教員がやる必要があるのか？

とは言え、その難しさには濃淡もある。中には、誰から見てもあまり必要性が感じられないような業務もある。例えば、**図表3-13**は横浜教員調査における「教員以外の人が担ってもよいと感じる業務」を尋ねた質問の回答である。この結果によれば、パソコンやシステムの管理やチラシ配付といった活動は教員が担わなくてもよいと考えている教員が多い。

図表3-13　「教員以外の人が担ってもよいと感じる業務」（複数回答）

業務	割合
パソコンやシステムの管理	67.4%
学校外からのチラシ配付	66.8%
校外の見回り活動	62.0%
特別クラブ・部活動の指導	59.5%
プールの管理・清掃	58.0%
運動会・体育祭等での会場の見回りなどの安全管理に関すること	57.4%
集金、入金	53.9%
ホームページの管理	53.4%
教室の清掃・ワックスがけ等の美化作業	53.2%
学校内施錠確認	52.4%
夏休み中の水泳指導	51.1%
地域行事の準備	50.9%
貧困家庭へのケア	50.3%
学校で使用する施設や道具の安全点検や修繕	49.3%
登下校の指導	47.0%
来校者のインターフォンの対応	44.7%
虐待の恐れのある家庭への対応	43.2%
各種調査への回答	42.8%
学年会計	41.3%
転入・転出等の学籍事務	40.5%
校門での挨拶	37.0%
落とし物の管理（保護者・児童生徒の物を含む）	29.9%
保護者間トラブル解決	29.9%
テストなどの採点	25.9%
掃除の指導	19.0%
給食・昼食指導	18.4%
休み時間の指導・管理	14.2%
体験学習・校外学習・修学旅行の企画運営	14.2%

N=521

出典：横浜市教育委員会・中原淳研究室（2017）「教員の働き方や意識に関する質問紙調査」

そして、改めて考えておきたいのは、実はここで挙げた業務以外にも、学校内には教員が携わらなくてもいい仕事が埋もれている可能性である。これまで学校は、積み上げ型で仕事をしてきた。つまり、一度やり始めたらなかなかやめられないという性質を持っている。また、そうした「やらなくてもいい仕事」の基準は、学校ごとに異なっているかもしれない。

　例えば、朝日新聞によれば、京都府立南陽高校では、通知票における「所見」の記載をやめると判断した。かなり思い切った決断であり、どの学校でもできることではない。何をどこまでカット可能かは、学校の事情や教職員集団の状況などで異なっているだろう。

　とすれば、それぞれの学校が、手間暇はかかるものの、自らの手で個々の仕事がそもそもどんな目的で行われているのか、そして、その目的を達成するために今のやり方は適合的と言えるのかどうか、そのあたりを改めて考えていくことが必要なのではないだろうか。カット系に取り組み、将来的に多くの業務を削減していくためにも、まずは、そこから始めていくことが重要である。

6　朝日新聞（2018/11/3）「通知票の担任所見やめます　教員の負担減へ」

8 組織の取り組み③
外科手術・効率化系

1 無駄の削減

　最後に紹介するのが、効率化系である。例えば、資料や物品の共有や整理などである。これまで紹介した取り組みのように、直接的に労働の量や時間を削るわけではないが、無駄を省くことで結果として仕事の効率がアップする。

　例えば、誰でも一度や二度は、必要な資料や書類が見あたらず、デスク周りの捜索に無駄な時間を費やした経験があるはずだ。しかし、そもそも、そういった重要な書類が最初から共有、整理されていれば、自分の手元に置いておく必要もなくなってくる。身の回りの無駄な資料や書類の総量が減ることで、整理整頓がしやすくなるだろう。

　このような共有や整理を機能させていくコツは、その整理の仕方についてのルールの徹底である。資料が共有されていても、その配置のルールがわかっていなければ、どこを探せばいいのかわからない。逆に、共有する側に立った場合にも、どこに配置しておけばよいかわからなければ、共有しづらい。ルールを無視して配置する教員が増えれば、そもそも整理の前提が崩れてしまい、効率化にはつながらなくなってしまう。

2 他の施策に比べて効果もリスクもマイルド

　これら効率化系の施策は、労働時間の削減効果がそれほど大きいわけではない。例えば、**図表3-14**は、資料や記録の整理整頓をしている群としていない群の在校時間の差を示したものだが、6分程度となっている。しかし、前述のキャップ系やカット系に比べると価値観や教育観に触れるような要素はきわめて薄く、教員間で争いの種になる可能性はかなり低い。また、導入のハードルも高くない。

他の効率化系としては、職員室の配置の工夫などが挙げられる。大規模な学校では、職員室に人や物があふれ、混み合っている場合が多い。例えば、朝の時間帯で、朝会など教員の会議を行い、直後に学級での朝学活を行うような学校では、その時間帯の人の動きが非常に複雑になる。動線を確保することは、人のスムーズな行き来を実現する上で重要になる。また、職員室内にちょっとした共有スペースを作っておくことで、わざわざ会議の時間を設けなくても情報共有や相談をリアルタイムで行うことができ、効率的である。そういった小さな工夫も職務の効率性に関わっている。

図表3-14　資料の整理整頓と在校時間の関係

職場で資料や記録の整理整頓をしている群としてない群とで、1日の在校時間を比較した

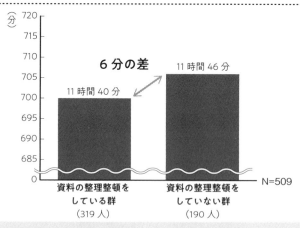

資料の整理整頓をしている群の方が在校時間が6分短い

※「職場全体で、資料や記録など、誰でもすぐ利用できるように整理整頓して保管している」という問いに対する「あてはまる」「ややあてはまる」を「資料や記録の整理整頓をしている」、「どちらともいえない」「ややあてはまらない」「あてはまらない」を「資料や記録の整理整頓をしていない」として再カテゴリー化を行い、集計した
出典：横浜市教育委員会・中原淳研究室（2017）「教員の働き方や意識に関する質問紙調査」

9 組織の取り組み④
外科手術・打ち手の組み合わせ

1 打ち手の組み合わせのポイントとは

ここまで「外科手術」①〜③の異なるタイプの打ち手について見てきた。本章冒頭においても述べた通り、働き方の問題を単体で解決する手段はなく、いくつかの打ち手を組み合わせていく必要がある。その組み合わせについて、調査からポイントが見えてきた。

図表3−15はある2つの打ち手を事例に、それぞれ片方だけ行っている場合と、両方を行っている場合との効果（何も行っていない状態と比較した在校時間の削減時間）の比較を行った。片方のみ行っている際の効果がそれぞれ10分前後であるのに対して、両方行っている場合は約57分となっていた。打ち手を単体で行った場合の効果を足したものよりも、両方行っている場合の方が効果が大幅に上回っていた。

図表3−15　打ち手の組み合わせと在校時間

> それぞれの打ち手の組み合わせのパターンの間で、平均在校時間を比較した

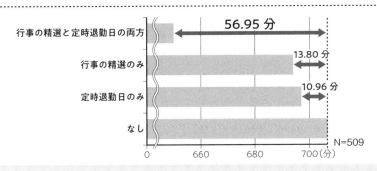

打ち手を重層的に行うと大幅に時間が削減される

出典：横浜市教育委員会・中原淳研究室（2017）「教員の働き方や意識に関する質問紙調査」

ここから示唆されるのは、打ち手を重層的に行うことの意義である。基本的には打ち手を行えば行うほど改善されるが、それは単純な効果の足し算ではなく、相乗効果が生まれる可能性が考えられる。

2　キャップ系とカット系の組み合わせが鍵

　その組み合わせについて、もう一つ興味深い結果がある。**図表3-17**は、キャップ系とカット系の施策のそれぞれの有無の組み合わせ4パターン（**図表3-16**）において、やりがい・ストレス・離職意思などの心理的側面を比較したものである。「キャップ系あり×カット系なし」の組み合わせ、つまり、業務を減らさずに時間だけ制限しているパターンに着目してみると、何もやってないパターンに比べて、同等か、むしろ悪い心理状態にあることがわかった。多忙感は多少低いものの、健康不安は同等、ストレス・離職意思は何もやってないよりもかえって高く、やりがいや学校への愛着は何もやってないより低くなっていた。

　本書でも再三述べてきた通り、「仕事自体が減ってないのに帰れ帰れと言われても困る」という、いわゆる「ジタハラ」につながりかねない状況は、実際にデータを見ても心理面の悪化につながる。キャップ系は打ち手の項目でも見た通り、在校時間への効果が見えやすい。しかし、心理面にも目を向けてみると、カット系と組み合わせない状態であると、かえって悪影響を生じさせる可能性がある。前述した通り、その相乗効果を考慮してもキャップ系とカット系との組み合わせが外科手術の鍵になると言える。

図表3-16　キャップ系とカット系の施策の組み合わせ

	業務カット施策（行事の精選）	
時間キャップ施策 （定時退勤日）	なし／なし	なし／あり
	あり／なし	あり／あり

図表3-17　打ち手の組み合わせと教員の心理状態

打ち手の組み合わせパターンごとに、心理面の状態を比較した

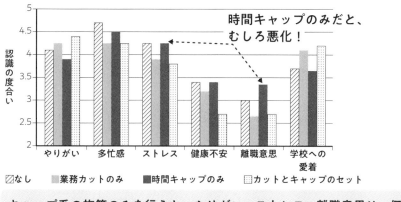

キャップ系の施策のみを行うと、やりがい、ストレス、離職意思は、何もしないよりかえって悪い値になる

※それぞれの感情や認識について、「感じている」を5、「どちらかというと感じている」を4、「どちらともいえない」を3、「どちらかというと感じていない」を2、「感じていない」を1として得点化した。つまり、値が高いほど強く感じている
出典：横浜市教育委員会・中原淳研究室（2017）「教員の働き方や意識に関する質問紙調査」

10 組織の取り組み⑤
漢方治療的な組織の体質改善

1 「漢方治療」とは何か

 ここまで、労働時間の制限、業務カット、業務の効率化など、直接的に働き方を改善する「外科手術」的な施策について見てきた。ここからは、もう一方の漢方治療的な組織の体質改善について考えていく。組織に体質改善をもたらす「漢方治療」とは、業務改善や質の向上、時間外労働の削減などを良しとして、積極的に取り組んでいく文化を育んでいくことである。この文化を育むことで、継続的に働き方の改善を行い、「外科手術」のような具体的な打ち手の効果を持続させ、その波及性を高めることができる。

 本節では、学校への取材や横浜教員調査によるデータや実際に学校に入って取り組んだ事例をもとに、「漢方治療」とは何なのかについて考えていく。

2 改善による効果の実感

「漢方治療」とは、文化を変えていくことだと述べたが、これまで定着していたものを変えていくには、働き方の改善の成果を実感したり、働き方を変えられることに対する自信を持つことが必要である。

 まずは、働き方の改善による成果の実感である。例えば、早く帰ることによってどんな良いことがあったかを実感することである。得てして、新たに何かに取り組んだ時には、課題（持ち帰りが増えたなど）に目が行きがちであるが、積極的に成果に目を向けることでポジティブな姿勢を持つことができる。もちろん、それだけでは課題は解決されないが、モチベーションが低下すれば、改善策に取り組む意欲も生まれない。**図表3-18**を見てもわかる通り、業務時間がカットできた場合にはそれぞれにやりたい

ことがある。これらが実現できた時、それを職場内で共有できるような場があれば、ポジティブな雰囲気がより醸成される。

「普段は帰ったらもう寝るぐらい。それで、朝起きたら朝飯食って、朝練。その繰り返しだったんですけど、その日はテレビでバラエティー見られたんですよね。パソコン開きながらだったけど。でもまぁ、悪くないなとは思いました」

これはある中学校教員の定時退勤日に関する発話であるが、この「悪くないな」の気持ちを表に出せて共有できる場があると、改善を進めていくことへのモチベーションがより高まることにつながるのではないだろうか。

3　働き方改善に対する自信を養う

次に働き方の改善に対する自信を養うことである。働き方改革に関してさまざまな学校の教員から話を聞くと、「自分たちはできる限りのことはやっている、それでも何も変わらない」という話を聞くことが多い。こういった状態に対する働きかけは二通り考えられる。他校から学ぶことと、自分たちの小さな成果に目を向けることの二つである。

前者は、他校の事例を見ることである。多くの学校を回っていると、自

図表3-18　業務改善によって時間ができた場合にやりたいこと（複数回答）

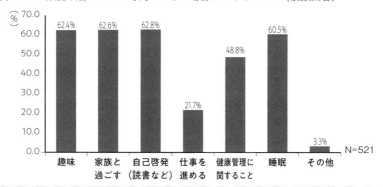

趣味や家族と過ごす、自己啓発、睡眠が多い。一方で、仕事を選ぶ教員もいる

出典：横浜市教育委員会・中原淳研究室（2017）「教員の働き方や意識に関する質問紙調査」

分たちでは「できる限り」やっていると言っても、その「できる限り」の範囲がかなり狭いことが多い。他にできることがたくさんあってもそれに気づかない場合もある。そもそも、学校における働き方改革は、提唱されるようになってからそれほど時間が経っているわけではない。まだまだ、「やり方」は開発されている途中である。

　例えば、ある小学校において「終業時間にチャイムを鳴らす」という取り組みを始めた。終業時間をより強く意識するためである。これを始めるのにさほど高いハードルはない。すぐにでもできることである。しかし、多くの学校では行われてはいない。「できる限りやっている」と思っている学校でも、こういった盲点は多いのではないか。

　この例からもわかる通り、他校の実践事例を積極的に知ることで、「できる限り」の幅を広げ、「変わらない」から抜け出せるヒントが得られる可能性がある。昨今、全国各地で働き方に関する勉強会などが開かれている。また、近隣の学校の間でも働き方に関する話題が出ることは多い。これらの情報を積極的に収集して他校の実践を知ることも重要である。

　一方で、自分たちの取り組みの小さな成果にも目を向けることが重要である。例えば、職員会議の時間が前回より30分短くなったとか、在校時間が平均で20分短くなった、といったことである。こういった小さな成果であっても、「変えられた」という事実が重要である。そういった小さな自信、変えられることに関する効力感を持ち続けていくことが継続的な改善につながるからである。

　また、それらの効果が積み上がればどうなるかを意識することも大切だ。20分といっても、毎日積み重なると大きな時間差が生じる。1週間（平日5日間）で100分、1カ月で400分の差となる。つまり、1カ月で教員1人あたり6時間40分の差が生まれる。6時間40分あればできることはたくさんある。これまでプライベートでできなかったことを始めることもできるかもしれない。

　こういった違いを把握するには、それぞれ、業務にかかる時間や出退勤時間などの「見える化」が必要である。最近はICカードでの時間管理を行うことが増えているが、そういったデータはとっているだけでは役に立

たず、グラフ化など何らかの形で編集されることで初めて意味を持つ。

4　職場の同僚との協働意識

　最後に、職場の同僚との協働意識である。周りの人がやっている、一緒に取り組んでいるという意識を持つことは、働き方改善の推進に役立つであろう。

　例えば、机上に退勤時間を明記した目印を置くなどの取り組みは、個人にとっては退勤時間を意識することが目的だが、働き方の改善に取り組んでいる姿勢を他者と共有するという効果もある。また、全員共有のホワイトボードに、働き方に関する問題点や改善手法など、気づいたことを誰でも気軽に書き込めるようにしておくことも効果的である。改善点を探るという直接的な目的だけでなく、副次的な効果として「みんなで働き方改善に取り組んでいる」という空気が醸成されやすくなる。

　こういった協働意識を感じさせる取り組みも、学校組織に働き方改善の文化を根づかせる上で重要な意義を持つと考えられる。

11 組織の取り組み⑥
漢方治療の実現に向けた役割分担

1 誰が何をすることが組織の文化醸成につながるか

　ここからは、「漢方治療」すなわち、働き方の改善に対する組織文化の醸成について考える。具体的には、「誰が」「何をする」ことが文化の醸成につながるか、という点について述べていく。

　横浜教員調査においては、働き方の改善に向けた「リーダー行動」についても質問を行っている。ミドルリーダー以上のどのような行動が、組織内に働き方改善の意識が広まることとつながるのかを分析した。その結果が**図表 3 -19**である。これによると、校長が「効率的に働く人を評価する」、副校長が「やり方を変えていく」、学年主任が「業務量を把握できるようにする」ことが、業務の効率化を奨励する雰囲気を醸成する後押しになることがわかる。

2 校長が握る鍵は「評価」

　校長にとって鍵になる行動は、効率的に早く業務を終わらせる人のことを高く評価することである。

　学校内において、校長は評価者としての立場にもある。それぞれの学校においてどのような行動が評価され、どのような行動がそうではないかは、良くも悪くも校長の影響による部分が大きい。

　そして、おそらくこれまでの校長は次のようなことを無意識に言ってきたのではないか。
「うちの教員たちは遅くまで残って、よく頑張ってるんですよ」
　その発言や状況の是非はひとまず置いておいて、この言葉の背景にある意識にも注目する必要がある。そこには、早く帰ることは頑張っていないという意識が潜んでいないだろうか。今後は、効果的・効率的に働くこと、

図表3-19 各リーダーの行動と業務を効率化する雰囲気との関係

> 各リーダーのさまざまな行動のうち、どんな行動が「業務を効率化する雰囲気」の醸成につながるかを検討した

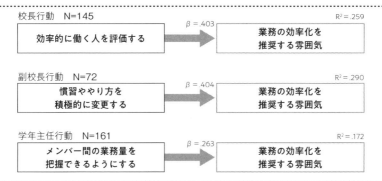

校長が「効率的に働く人を評価する」、副校長が「やり方を変えていく」、学年主任が「業務量を把握できるようにする」ことが、業務の効率化を奨励する雰囲気を醸成する後押しになる

※中央の矢印の上に記載した"β"の値が、「リーダーの行動や特徴」と「業務の効率化を奨励する雰囲気」との関係の強さを示している。
※それぞれのリーダーに関する「効率的に働く人を評価する」「指示や判断が早い」「身の回りが整理整頓されている」などの特徴と、職場の「業務の効率化を奨励する雰囲気」との間のβを算出し、最も値が大きかった特徴(つまり、最も関係性の強かった特徴)を記載した(「上司行動」の全てを独立変数、「業務の効率化を推奨する雰囲気」を成果変数として強制投入し重回帰分析を行った。独立変数のうちβが大きいものを抽出し、図式化した)。
出典:横浜市教育委員会・中原淳研究室(2017)「教員の働き方や意識に関する質問紙調査」

早く業務を終わらせることも評価していく必要があるだろう。そうした評価が学校の空気を変えていくのである。

3 副校長が握る鍵は「変化」の発信

次に、副校長である。分析の結果、副校長にとって鍵になる行動とは、これまでの慣習ややり方を積極的に変更することである。新たに何かを始めたり、何かを変える時には副校長発信で行うことが文化をつくっていくことに貢献する、という結果である。

学校において、最も忙しい立場にあるのが副校長であるというのはよく知られている。実際、**図表3-20**の通り、在校時間を見ても教諭より40分ほど、校長より12分ほど長くなっている。平日は副校長が一番最後まで残

図表3-20 役職ごとの在校時間

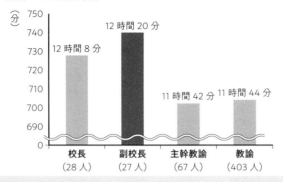

副校長の在校時間が最も長い

出典:横浜市教育委員会・中原淳研究室(2017)「教員の働き方や意識に関する質問紙調査」

り、土日の地域対応においても鍵の解錠・施錠を行っているといった話はよく聞く。このこと自体の是非はもちろんあるのだが、その最も苦しい状況にある人が言うからこそ、他の教員も心を動かされ、その施策を実現しようという機運が高まる可能性はある。ただし、その最も厳しい状況にある人に働き方推進の責任を負わせるようなことがないよう、注意が必要である。

4 学年主任が握る鍵はメンバー間の業務量の把握

最後に、学年主任の行動から見ると、鍵になるのは、メンバー間の業務量を把握できるようにすることである。第2章で見た通り、業務量が偏るのは在校時間が長くなる原因の一つでもある。できるだけ均等になるようにするためには把握できるようにすることが必要である。

もともと、学校という職場は個業化しやすい特性を持っていると言われている。仕事の核となる授業や学級経営は、物理的に閉じられた空間(教室)で行われ、それらの業務に関してはその準備も含めて個人の中で行え

---

7 佐古秀一(2006)「学校組織の個業化が教育活動に及ぼす影響とその変革方略に関する実証的研究」『鳴門教育大学紀要』第21巻

る部分も多い。もちろん、生徒指導や行事に関わる指導、その他分掌に関わる仕事は個に閉じてはいないが、必要な時に必要な部分だけ連携する場合の方が多いのではないだろうか。お互いが抱えている業務の状況を把握するまでやっていないというのが一般的だろう。

　実際のところ、教員は放課後を含め、職員室にいる時間も長く、その間、教員同士はかなり近い距離にいる。しかし、近くにいても、実は、お互いがどれほどの仕事を抱えているかは知らなかったりする。そこをつないでいくのが、学年主任の役割である。これまでの学年主任は、組織の中のミドルリーダーとして、学年全体の仕事が回るかどうか、あるいは、学年のチームワークに主な関心があり、メンバーの業務量自体は、それほど関心を向けられていないことが多い。業務がたまってないか、健康的に働けているか、うまく進められなくて悩んでいる仕事はないか、そういった点について積極的に声かけをしていく学年主任がいるとすれば、組織文化の醸成につながる可能性がある。

◆

　以上が、データの分析から明らかになった、それぞれの立場の鍵になる行動である。まとめると、校長は評価者として、副校長は発信者、そして、学年主任はメンバー間のハブとして、それぞれの立場から、業務の効率化を奨励する雰囲気をつくるよう行動していくことが、新たな文化をつくっていくことにつながるのである。

12 働き方改善の進め方

1 軌道修正のためのコンパスとして

ここまでの本章5〜11節では、組織として働き方の改善に取り組み、持続可能な職場となるための打ち手について整理してきた。この整理の枠組みを用いると取り組みの偏りに気づきやすくなり、次に取り組みを広げていく際の指針にもなる。例えば、自分たちの取り組みが「外科手術」の効率化系に偏っていれば、キャップ系やカット系、そして、文化の醸成につながるような取り組みにヒントがあるのではないかと考えることができる。

また、改善を進める際の懸念点についても具体的に検討できる。例えば、多くの学校で取り組みが行われているキャップ系の施策をとるとして、それとカット系の施策をセットにしていないのであれば、時間数は減ったとしても、メンタル面は悪化している可能性もある。働き方の改善は、「ひずみ」を生み出す可能性も秘めているのである。そうした懸念の可能性を踏まえながら、取り組みを見つめ直し、次の一手について考えていくことが必要である。

2 事例から考える働き方改善の始め方

これまで何も取り組んでいなかった学校、あるいは、一部取り組んできたものの本格的な施策には手をつけてなかった学校にとっては、働き方の改善に取り組み始めることそのものがハードルになっている場合もある。何から手をつけていいのか、そして、それをどのように決めればいいのかわからない、そういった学校も多いのではないか。

そこで、本節では、私たち研究グループと共に働き方の改善に取り組んだ学校の事例について紹介したい。

その学校（A小学校とする）は、ある政令指定都市B市の郊外に位置し、

古くからの地主などが多く住む地域に立地する学校である。規模としては各学年４クラス程度の規模で、校内研究で全国に向けた大会を行うなど、積極的な研究活動で知られた学校であった。

　この学校における働き方の改善は、①エントリー、②調査、分析、③チーム内ワークショップ、④全校ワークショップ、⑤打ち手の最終決定、の５つのステップで行った。これは後ほど詳述するが、組織開発におけるサーベイ・フィードバックという手法を援用したものである。

①エントリー：プロジェクトチームの結成と目的の共有
　まずは、A小学校内において、校長が、働き方改善のためのプロジェクトチームを結成した。プロジェクトチームは、管理職に加えて、教務主任などの要職についている教員、校内に対する影響力の大きい教員、若手教員の中で影響力のある教員など、計７名で構成された。
　次に、我々研究者側のメンバーとの顔合わせおよび目的のすり合わせを行った（**図表３−21**）。その際、働き方の改善に対して困惑（これ以上何もやれることはないのではないか、行政に何とかしてもらわなければ何も変えられないのではないかなど）を表明する教員もいた。それらの教員とは個別の話し合いなどを行った。個人の思いや不安、あるいは、学校のこれまでの実績に対する思いなどをお互いに開示し、徐々に互いのスタンスを理解し、プロジェクトに対するモチベーションを高め合う関係作りをした。
　この学校では節目の周年行事を１年後に控えており、関連業務の増加が予想されていた。加えて、新学習指導要領の実施も迫っており、次年度から業務が拡大していくことは目に見えていた。現状でも労働時間などを見ると、５割以上が過労死ラインに到達しており、そこに前述の業務が加われば、持続可能でないことは明白であった。そこで、まずは、現状の業務から効率化して次年度以降に備えていく必要があることを目的として共有した（**図表３−22**）。

②調査、分析
　次に、組織の現状を「見える化」するための調査・分析である。本来、

図表 3-21　エントリーの様子　　図表 3-22　目的のスライド

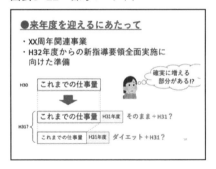

　サーベイ・フィードバックの手法では、この時点で調査や分析を行うが、今回は、事前に市の調査を受けていたので、そのデータを分析した。
　調査における質問は、労働状況に関連するもの（在校時間や持ち帰りの仕事、休日出勤の量など）、個人に関連するもの（個人の働き方や工夫、教材研究の状況やメンタルヘルスなど）、職場に関連するもの（働き方に対する組織的な施策や教職員間の関係性や雰囲気など）であった。
　分析の多くは、B市内の他の小学校の平均とA小学校の値とを比べる形で行った他、学校内の年代別の結果の比較、所属学年別の結果の比較なども実施した。

③チーム内ワークショップ
　次に、プロジェクトチーム内において、ワークショップを行った。目的は、プロジェクトチームのメンバーに次のステップ（全体のワークショップ）でファシリテーターを務めてもらうため、「データをもとに対話する」ことについて事前に体験してもらうことである。
　というのも、データを基に対話するのは簡単なことではない。その難しさは二つある。一つは、そもそも、たくさんのデータやグラフがある中でどこに着目すればいいかわかりづらい点にある。事前に少ない人数でじっくりと見ることで、自分なりのポイントを探っておくことがファシリテーションの際のヒントにもなる。
　もう一つは、データに基づく対話を体験してもらうことである。一般的

図表3-23　労働時間のデータをまとめたスライド　　図表3-24　教員の学びについての意識をまとめたスライド

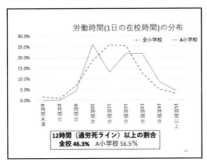
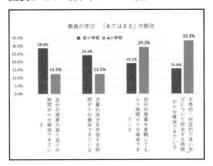

には、データの分析結果は、何か答えや解決策を示してくれるものだと思われがちである。しかし、そうやって解決策を押しつけられても、各教員はその必要性が腹落ちしない。むしろ、個々が受け身になってしまう可能性もある。それではその先（実際の打ち手の検討と実施）につながらない。

したがって、ここではデータを基に対話し、調査結果を当事者たちが解釈し、意味づけることで、現状認識を共有したり、問題を自分ごととして捉えることが必要である。それが、その後のベースをつくり、エネルギーとなる。

ワークショップではまず、A小学校がこれまで実現してきた価値や実績にフォーカスした。研究校として熱心に取り組んできたこと、地域との連携、各種の行事などに関することである。その上で、教員が高いやりがいを感じていることや児童との良好な関係に関するデータ分析の結果を共に確認した。

次に、周年行事や新学習指導要領の実施を控えていることなど、今後の学校状況について確認するとともに、今後の働き方について共に考えていこう、という目的を改めて共有した。

その上で、職場に関するデータについて共に考えていった。他の学校と比較して1人あたり月間20時間近く労働時間が長いこと、年代間で帰りやすさに差があること、研究は行っているものの日常的な授業の振り返りが行えていないことなどの点に注目が集まった。さらにその上で、データから見えてきた特徴について、想定通りだったか、意外だったかについて整

図表3-25　データ解釈のスライド　　図表3-26　ブレインストーミングの様子

理し、現状の働き方をどのように捉えているか、3～4名のグループで対話を行った。特に、「帰りやすさ」が年代によって異なるという結果や、「研究時間はとれているが、日常的な振り返りの時間はとれていない」といった結果については、意外だと感じつつも、そこから「確かに考えてみれば、そうかもしれない」といったような形で話が進み、徐々に現状の働き方に対する認識やA小学校の強み、課題などが整理されていった。

　次に、現状行っている働き方の工夫や、職場における施策の効果認識などに関するデータ分析の結果、および、他校で実施されている打ち手の事例について共有し、その上で、これから何をしていくかを考えた。働き方改善に関するアクションプランづくりである。実現可能性の厳密な検証よりも、まずは発想や可能性を広げるため、ブレインストーミングに近い形で、さまざまな打ち手の提案を行った。

④全校ワークショップ

　次に、全校の教員が集まって、同様のワークショップを行った。校長および教務主任の声かけで集まり、全教員がグループに分かれ、働き方の改善について対話の場を持った。各グループにはプロジェクトチームのメンバーが1名ずつ入って、ファシリテーションを行った。

　進行は、チーム内のワークショップと同様である。チーム内ワークショップ同様、多くのアイデアが出された。

図表3-27 全体ワークショップの様子　　図表3-28 ある班がまとめたワークシート（一部）

⑤打ち手の最終決定

③④のワークショップで、多数提起された打ち手の中から、プロジェクトチームが実際に行う打ち手を選定。その結果を共有し、実施の段階へと移行した。

◆

　以上がA小学校における事例の全体像である。A小学校では、これらの取り組みを行った結果、個々の教員が以前より少しずつ早く帰るようになり、特に、22時や23時を超えるような残業はほとんどなくなったという。定時を知らせるチャイムや、会議における議題の整理やペーパーの事前用意などを実施することで、時間に対する意識が高まり、学年会など長くなりがちな会議も一定の時間に収まるようになった。そして、何よりも、教員間で「早く帰ろう」という声が聞かれるようになった。

　取り組み開始前の11月には、残業80時間以上の教員が23.5％いたのに対して、取り組み後の12月には5.9％となった。12月は冬季休暇があるため、一般的に残業時間は低く抑えられるが、それでも、11月が横浜市全体の平均よりも多かったのに対して、12月には平均以下になっていることから、取り組みの効果が表れていることがわかる。

　今後はさらなる効果も期待される。時間に対する意識が高まっている中、次年度のカリキュラムづくりや組織づくりが行われており、スリム化する方向で検討が進んでいるという。

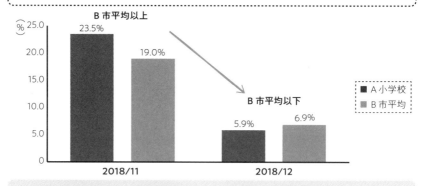

図表3-29　A小学校とB市全体における残業80時間以上の教員の割合

出典：B市出退勤管理システムの結果をもとに筆者作成

3　A校の事例の取り組みの特徴

　この取り組みは、3つの特徴を持つ。1点目は、データを利用したことである。組織開発の領域におけるサーベイ・フィードバック[8]という手法の援用である。組織開発とは、組織の効果性や健全性を向上させるための意図的な介入のことで、サーベイ・フィードバックとは、組織の現状についてサーベイ（質問紙調査）を行い、その結果を見ながら組織メンバーで対話を行い、アクションプラン（打ち手）を検討していくやり方である。本書において何度か触れてきた通り、働き方に関する議論は、各教員の教育観や勤労観に触れる議論にならざるを得ず、非情に難易度が高い。データを用いることの利点は、全員が検討の対象を共有できることであり、自分たちの働き方を客観的に「見える化」することである。それらをもとに対話を始めることで、地に足をつけたまま、自校の「これから」についてス

---

[8] 組織開発について詳しくは、中村和彦（2015）『入門　組織開発　活き活きと働ける職場をつくる』（光文社新書）、中原淳・中村和彦（2018）、『組織開発の探究　理論に学び、実践に活かす』（ダイヤモンド社）

ムーズに検討に入ることができる。

　２点目は、プロジェクトチームをつくった点である。働き方の改善は全てをトップダウンで行うとどこかで反発が起こる可能性が高い。今回、働き方の改善をサーベイを用いた方法で進める点については管理職が覚悟を持って決断し、教職員に展開したが、その先の部分ではプロジェクトチームをつくったことが効果的であった。まず、メンバーは職階だけでなく、校内のキーパーソンを含む形になるよう構成した。その上で、チーム内で密に関わって思いやビジョンを共有し、それが全体に波及するように２段階で進めた。それらが、無理なく全体を巻き込む上で功を奏したと思われる。

　３点目は、教職員の思いに寄り添ったことである。何度も述べてきた通り、働き方の改善を進めるには、各教員の腹落ちが欠かせない。そのためには、教職員がこれまで取り組んできたことを否定するよりも、その思いに寄り添うことの方が重要である。変えるということは、それまでを否定することとイコールではない。むしろ、それまでに実現してきた価値を持続可能なものにするために働き方をどう変えていくべきか、それを共に考える方が効果的である。

　また、事例校そのものが持っていた特徴の一つに、カリキュラム・マネジメントが充実していた、という点がある。カリキュラム・マネジメントが機能しているからこそ、教職員が拠って立つ価値観が明確になっており、だからこそ、その実現したい価値に沿うものは重点化し、そうでないものは整理を検討するという判断がしやすかった、という特徴も考えられる。

　学校の状況などによってカスタマイズは必要であり、データを基にした対話を実現する力なども求められるが、本事例のやり方は、さまざまな学校においても機能しうる有力な手法の一つだと考えられる。特に、「見える化」「プロジェクトチーム化」「思いに寄り添う」といった点は、働き方の改善における難しさ（考え方の違いが浮き彫りになること、教職員を巻き込みづらいこと）を乗り越える上で重要なポイントである。

第 4 章

働き方を見直す アイデアとポイント

本章では、働き方を改善するための具体的なアイデアとポイントを紹介する。第3章で示した「キャップ系」「カット系」「効率化系」に分けて解説する。学校現場で実際に取り組まれている事例なども盛り込んでいるため、明日から実践できる対策となっている。ここで紹介するアイデアを、ぜひ自身の職場での働き方改善に役立ててほしい。

1 時間制限を設ける「キャップ系」の対策

1　業務時間の設定：定時退勤日、部活休養日、留守番電話の設定

　定時退勤日の設定は即効薬である。ただし、「日は設定しても、多くの人が残っている」「実は会議を入れてしまっていて帰れなかった」といったことが起きると、簡単に形骸化していく。始める時は思い切って取り組む勢いも必要だが、最初に設定した定時退勤日に要注意。最初の日から帰らない人が出てしまうと、形骸化していく可能性が高くなる。

　また、早くから定時退勤日を意識してもらえるようにしておくことも重要である。しっかりと休むには、業務の進度調整など、前準備も必要となる。直前になって「あ、明日は定時退勤日だった」と思っても仕事がたまっていたら、持ち帰って仕事するほかなくなってしまう。「定時退勤日まであと〇日」のような表示を掲示しておくのもよい。また、教職員同士で「定時に帰って何ができたか」を共有してみると、次の定時退勤日への期待も高まる。

　部活休養日は、域内で一律に実施することが大切。ある学校だけ部活休養日があり、他校は部活休養日がないとなると、不公平感が出てしまう。校内の活動場所に限りがあり、複数の部で場所を分け合っていたりする時は、互いに融通する意味でも、部ごとに休養日を変えるのも効果的である。何らかの事情で土日が両方休めないなどの場合があれば、月曜を休みにするなど、柔軟に考える。部によって大会の日程が異なる場合もあるため、月単位で活動日数を設定し、部ごとで計画的に休養日を決めるという方法もある。

　その他には、放課後の留守番電話の設定が挙げられる。定時退勤する際には、留守番電話は必要であるし、そうでない日も時間によって設定することで目の前の業務に集中しやすくなる。留守番電話の設定は、近隣校と

歩調を合わせた方が導入しやすい場合もある。小学校と中学校など別の学校へ通う兄弟間で対応が異なることに困惑する保護者もいるからである。

図表4-1 定時退勤日は意識づけが重要

2　出勤日の設定：学校閉庁日、計画年休

　1日丸ごと休みを取るというのは、早く退勤することとは異なる効果を持つ。ちょっとした時間ではできないこと、例えば普段出かけられないところに行ったり、しっかりリフレッシュしたりすることができる。

　休暇の取得を促す策として、学校閉庁日の設定がある。学校閉庁日は、日直を置かなかったり、留守番電話を設定しないなど、対外的な対応を行わない日である。子どもたちの夏休み期間や年末年始に設定しやすい。この期間は、たまった振替休暇を消化するなど休みが取りやすい期間にもなる。学校閉庁日を設ける際の留意点は、日々、維持管理が必要なものの対応を考えておくことである。プールの塩素は、毎日入れなくてもいいものに変える、ウサギやその他の学校で飼育している生き物の世話は、地域の人々に協力してもらったり、動物病院に預けたりするなど、アウトソーシングするという方法もある。

　学校単位の休日だけでなく、教員個人の単位で年に数日間、計画年休を

設定する方法もある。計画年休は、数カ月前から日にちを設定し、教職員全員に周知しておくことが重要である。その人がいないことを前提に、その間の仕事を組む必要があるからである。例えば、計画年休を設定している日を掲示板に書いておくなどの工夫がある。定時退勤日と同様である。

図表4-2 職員室の掲示板に計画年休の予定を書き出しておく

3 会議の設定：時間を決めた会議、「会議なしデー」

放課後の会議の時間は、想定していたより長くなりがちである。特に、学年会や学年研、学習指導案検討など、小グループの会議になればなるほど、際限なく話し合われることがある。盛り上がれば盛り上がるほど、話がそれていくということもある。学年や分掌の運営にとって、共通理解やコミュニケーションは重要だが、タイムマネジメントの工夫の余地はある。

会議の初めに、終了時刻と議題を宣言してから話し合いを始める方法がある。資料に課題と共に時間を記しておくのも効果的である。また、会議の中で資料を読む時間を10分程度確保しておくと、提案時に全て読み上げる必要がなくなる。説明時間や資料を読む時間、質疑応答の時間を予め設定し、会議内でグループリーダーがタイムキーパーとしての役割を担うことが重要である。また、学年研や学年会の場合には全学年で、分掌の会議の場合には全分掌で、開始時刻と終了時刻を学校全体で合わせて実施する

図表4-3　会議での時間設定のポイント

1. 「説明時間は3分以内」などルールを統一する。
2. 議題一覧に時間設定を明記する。
3. 会議時間の冒頭に、資料を参加者全員で読む時間を設定する（10分程度）。
4. 質疑応答の時間を設定する。

という工夫もある。終了時刻に終わっているかどうかが明確になり、時間に対する意識が高まる。

「会議なしデー」を設定するのも効果的である。会議のない日があれば、教員個人の業務の時間にあてられ、帰宅時間が早まる。そのためには、まず会議の見直しが必要であり、本当に定期的に行う必要がある会議なのか、必要なメンバーだけで構成されているのか、改めて考えてみることが重要である。

4　登下校時間の設定：登校時間、完全下校の徹底

登下校時の見守りを教員が行っている学校が多くある。その開始時間が始業時間より早くから設定されていると、その分長く校門付近に立っていなければならず、朝の時間を圧迫する要因にもなっている。この時間をコ

図表4-4　登校時間の設定

ンパクトにする工夫がある。

　登校の時間帯を広くとらず、例えば、8時15〜20分と設定して開門することで、子どもたちを迎え入れる時間が短縮される。時間帯の設定は、保護者や近隣住民の理解も必要である。また、短時間に集中して登校すると、危険につながることもあるので、学校の規模に応じて取り組み方を工夫することが求められる。

　完全下校の時間を徹底する教員の共通意識も重要である。見送りの時間が短縮され、子どもたちが遅い時間帯に帰宅する治安上のリスクも低くなる。細かいことだが、忘れ物がないか、トイレに行きたい人はいないかといったことを下校前に確認するのも、完全下校を促す上では重要である。

2 業務をやめる「カット系」の対策

1 校務分掌の見直し：委員会、プロジェクトを減らす

多くの学校において、校内の組織は複雑である。それぞれの地域や学校によって呼び方は異なるが、○○指導部、△△委員会など、複数のカテゴリーが存在し、それぞれのカテゴリーごとに、いくつかの分掌組織が存在している。そして、教員はその複雑な組織にまたがり、いくつもの役割を担っている。

働き方を改善させる上では、校務分掌の見直しは取り組むべき対策の一つである。考えるべき点は、組織やメンバーの重複である。似たようなテーマを、同じようなメンバーで異なる時間帯に検討していることはないか。もしそうであれば、統合を検討してもよい。他にも「賞味期限」が切れたプロジェクトはないかという観点から見直していく。何かを始める時にはそれに特化した部や委員会が必要であった可能性もあるが、ルーティン化

図表4-5 校務分掌表の統廃合の検討

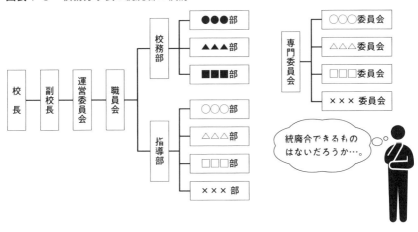

したものについては準備そのものを縮小し、組織や会議を統合できる可能性もある。

2 行事の精選：学校行事、地域行事

学校の年間行事予定を改めて見てみると、数多くの行事があることに気づく。小学校と中学校でも異なるが、林間学校、臨海学校、文化祭、体育祭、弁論大会、合唱コンクール、球技大会、陸上大会などがある。学校全体のものもあれば、学年としての行事もある。その他、地域行事としては夏祭りや地域運動会、バザーなどがある。教育の充実のために重要なイベントもあるが、行事が多すぎて子どもも教員も疲弊してしまわないよう、精選していくことが必要である。

精選にあたっては、行事をリストアップし、継続、改善、廃止に分けて考える。統合できないかという観点も大切である。例えば、別々に行っていた文化祭と合唱コンクールを統合することや、授業参観日とバザーを同日に行うことによって、準備や時間も削減できる。

一度始めた行事の実施や参加を急にやめるのは難しいが、負担をゆるやかにしながら移行していくという方法もある。宿泊行事では、毎年新しい場所へ行くよりも、同じ場所へ行く方が準備の負担が軽くなる。教員が全

図表4-6 行事の同日開催の例

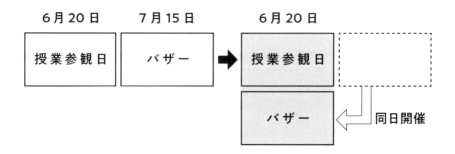

員参加していた地域の祭りに人数を絞って参加するという工夫もある。例年通りに取り組むことをあたりまえとせず、こういった負担の軽減を検討すること自体が、リソースやコストの意識を考える上で重要である。

3 プラスアルファの教育活動の精選：補習、掲示物

学校では、授業以外に教員の裁量の範囲で、プラスして子どもたちの学びや成長の場をつくることがある。例えば、行事の朝練や補習は、「プラスアルファ」の教育活動として行われがちである。熱心な教員であればあるほど、こうした取り組みが多い。

まず、本来の教育課程以外で何かを行うのは特別な状況であることを認識することが大切である。必要なものだけを選んで実施することが望ましい。最も避けたいのは、慣習的に行われていたり、他の教員との関係を意識し、教員自身も疑問に感じながら取り組んでいるケースである。プラスアルファの教育活動は多ければ多いほど教育効果が高まると思い込まず、一つひとつ必要性を確認して選び抜くことが大切である。

図表4-7 プラスアルファの教育活動は必要性を吟味して実践する

4 アウトソーシング：プール掃除、教室ワックスがけ、集金業務

教員でなくてもできそうな業務は、なるべくやらずに済ませる方法がな

いかを検討することが必要である。業務のアウトソーシングはその方法の一つである。

まずは、現在教員が行っている業務の中には、

①基本的には学校以外が担うべき業務

②学校の業務だが、必ずしも教員が担う必要がない業務

③教員の業務だが、負担軽減が可能な業務

などがある。それらを洗い出し、分類して、業務の適正化について議論することが重要である。

よくアウトソーシングされている事例として、学校の維持管理に関する業務では、プール掃除や教室のワックスがけなどが挙げられる。予算を立てて、計画的に行えるようにする。他にも、行事写真や修学旅行などの費用の集金業務がある。保護者と業者が直接やりとりする仕組みにできないか検討してみる。近年では、インターネットで決済できるサービスを実施している業者もある。その場合、インターネット環境のない家庭への配慮も必要となる。

こうした細かい業務一つひとつでも、教員にとっては負担が大きくなる。アウトソーシングできるものはなるべくそうしていくと、余裕が生まれてくる。

図表4-8 集金業務をアウトソーシングする例

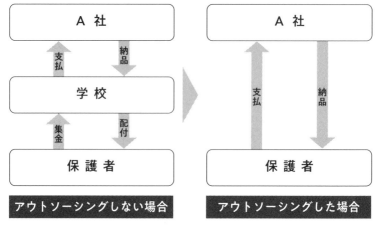

3 業務を手際良く「効率化系」の対策

1 教材の共有:教具、プリントの保管

　授業などで使用する教材を一から作るのは、なかなか大変な作業である。夜なべをしてイラストを描いたり、次の日の授業プリントを作ったりするのは多くの教員が経験したことがあるだろう。なかなかアイデアが浮かばないこともある。こうした時にヒントになる教材があると、かなりスムーズに作成できる。場合によっては、そのまま使用できることもある。教材の共有は、職場の教員の知恵を集約するということでもある。

　さらに、教具などを保管する共有スペースを設けておくと、全員が欲しい時にすぐに手に取れる。教材だけでなく、関連書籍を並べた教職員専用の資料室を設けている学校もある。一人の教員が役立つと思った書籍は他の教員の参考にもなることがあるので、共有しておくと便利である。

　ポイントは、ルールを決めて周知徹底することである。どこに何を保管

図表4-9　すぐに参照できるファイルの保管棚

上段　前々年度のファイル

中段　今年度のファイル

下段　前年度のファイル

するかを決めておかないと、共有スペースが煩雑になってくるからである。また、管理者を決めておいて定期的にチェックするのも大切である。

　書類系は校内ネットワーク「イントラネット」などを活用して、パソコン内に全員の共有フォルダを作成し、作成したプリントなどを年月ごとに保管しておくと便利である。共有フォルダにある昨年の文書や他学年の書類を参考にして作成することもできる。こちらについても、フォルダやファイルの名前などに共通のルールを設けておくと活用しやすい。個人情報を扱う場合は、セキュリティーに留意しておく必要がある。

2　ICTの活用：アンケート、申し込みのデジタル化、校務情報の共有

　ICT（情報通信技術）を活用すれば、効率化できることも多い。例えば、保護者アンケートや申し込みのデジタル化が挙げられる。これまではプリントを配付し、子ども通じて回収、それを集計するという作業があった。しかし、デジタル化すると、これらの手間が省ける。他にも、スケジュール管理や教務に関する情報の共有などが可能である。

　留意点としては、ICT活用のスキルのボトムアップをすることである。特定の教員のみがICTに強いと、負担が偏ったり、使いこなせない教員が出てくる。そのため、最低限活用するためのスキルアップの勉強会を開くことも有効である。若手の方がICTに強いことが多いため、普段、先輩教員に教わることの多い若手教員が、先輩教員に教える機会になり、同僚性を高めることにもつながる可能性がある。また、外部の有識者を招いてスキルアップ研修会を開くというアイデアもある。

　学校単位での取り組みでは難しいが、ICTのシステムを健康診断情報や成績など、校務情報の管理に活用することも考えられる。

図表4-10 申し込みのデジタル化

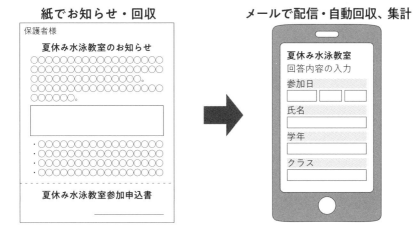

3 職場環境の整備：1ｍ範囲の整理Day、職員室のレイアウトの工夫

　日々の業務に忙殺されていると、職員室の机の周りが散らかり、どこに何があるのかもわからない……という状態になったことがあるかもしれない。整理・整頓は一見手間がかかるように感じるが、忙しい職場ほど、効率的に業務をするための環境整備が大切である。

　例えば、自分の席から手の届く1ｍ範囲を整理する日を決めておくという方法がある。大がかりな整理・整頓はできなくとも、頻繁に使用するものを整理しておくだけでも仕事のはかどり方がずいぶん変わる。教職員同士で「1ｍ範囲の整理Day」を決めておくというのもよい。ただ、基本的には、普段から整理する心がけが必要だろう。①回覧物や児童・生徒からの回収物はすぐに見る、②児童・生徒への配付物や返却物はすぐに配る、③乱雑に置かれた書類や教材・教具はすぐに整理・整頓するといった習慣が効率化につながる。また、いつか使うかもしれないという思いでさまざまなプリントや道具を保持することで、机周りの物があふれてしまうことも多い。そういったものは結局使うことがなかったり、自分自身でとっておかなくても、共有のフォルダやキャビネットに置かれていることも多い。

図表4-11　職員室のレイアウトの変更の例と資料整理のポイント

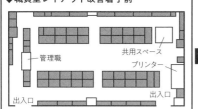

ポイント1
まずは一度全部捨てるつもりで

(1) 机にあふれているものを全部捨てたつもりで出してみる。
(2) その中から必要なものだけを拾い戻す。
　●あれば便利
　●あれば安心　　　　　　不要！
　●きっと使うこともある
(3) 書類だけでなく、文房具なども同様に整理整頓してみる。

ポイント2
個人持ちの必要を考える

□電子データで保存されている書類
　→必要な時はデータで見る。
□一定期間使っていない書類
　→ポイント1のように、あればきっと…は思い切って捨てる。
□職員会議資料など
　→自分に必要なところ以外はデータで保存するか、共有ファイルで見るようにする。

ポイント3
長期休業と年度末に整理

□長期休業中には保管から保存へ移す書類を整理する。
　個人ファイル　　→個人ファイル（保管）
　（作業中／保管）→共有ファイル（保存）
　　　　　　　　　→廃棄
□年度末には保存から廃棄する書類を整理する。
　共有ファイル　　→共有ファイル（保存）
　（保存）　　　　→廃棄

ポイント4
共有ファイルの取捨選択

□個人ファイルから共有ファイルへ移すべき書類の内訳（めやす）は…
　　捨てる………………………80％
　　紙で残す……………………19％
　　電子データとして残す…1％未満
□長期休業中に「文書整理の日」を設けて、全教職員で共有ファイルの整理・整頓を毎年行う。

ため込むよりも捨てることを基本に考え、必要なものだけを残す習慣を持つことも大切である。

仕事を効率的にするには、職員室のレイアウトを工夫する方法もある。学年ごとに島を作るなど、情報共有を頻繁に行わなければいけない教員の席を固めたり、プリンターを職員室の中心に置いてすぐにコピーできるようにしたりといった工夫ができる。また、余っている机や椅子を活用して、小さな共有スペースを作れば、ちょっとした話し合いがすぐにでき、情報共有が少ない時間でタイムリーにできるようにする。

こうした環境の整備によって、少しずつ時間を短縮化することができる。全員で最も効率の良い環境は何かを考えることも重要である。

4 意思決定の迅速化：スタンディングミーティング、原案の事前共有

会議などの話し合いではどうしても時間がかかってしまうという場合に、時間を決めて終わらせるという方法以外に、別のアプローチで迅速に話し合いを終わらせる工夫も必要である。

議題が少なく、少人数でスーピーディーに意思決定を行いたい場合は、立って話し合う「スタンディングミーティング」が有効である。効率的に

図表4-12　スタンディングミーティング

会議を進めようという意識が高まり、目的のみに集中できるので、活発に議論することにつながる。実践校では「椅子に座って話すよりも距離感が近くなった」「話の内容も弾む感じになってきた」「立って会議をするスタイルは授業でも使えるのではないか」などといった声も上がっている。

その他、会議の運営にも工夫の余地がある。事前に原案を作成し、共有しておくことで、説明の時間を短縮することができる。当日になって資料が配付され、会議前に全てを読み込むのは無理があるため、避けたい。

また、次回の会議までに課題を整理してくるなど、それぞれに業務を割り振って会議当日に持ち寄る形にし、ゼロから議論しなくてもよいように

図表4-13　提案書の例

〈会議提案書〉

会議名	10月運営会議
提案名	校内作品展について
提案部	図工部
ねらい	①学習活動の成果を一堂に展示し鑑賞し合うことによって、進んで表現しようとする意欲を育てる。 ②「開かれた学校」の一環として、地域の人々、中学生、幼稚園との交流を図り、造形教育に対する関心を高めていただくとともに、本校の取り組みについてご理解をいただく。

会議目的	提案内容
検討事項 （決定したいこと）	（ここでは、検討事項を書きます。最小限の意思決定のための資料が必要です。） ○平面の展示方法は提案でいいか →画鋲を打つことができないので、フックに1mくらいの棒をかけ、作品を吊るす。この方法でいいか。＜資料＞資料P○図参照
重要事項 （情報共有）	（昨年度からの変更点や運営上全体に必要な情報に限定します。あとは資料を読み込むというルールが大切です。） ○学校便り、学年便りで保護者に日程を知らせる。 ○題字は各学年で準備する。→昨年度のものはある。 ○土曜日午前中開催→図工部担当 ○中休みの児童鑑賞は可　昼休みは不可 〈必ず徹底したいこと〉 ○鑑賞マナーの徹底 ○鑑賞管理の学年は、その日に作品鑑賞し中休みの会場管理

することで時間の効率化が図れる。

　会議で使用する資料は、共通書式を活用すると効率的に運営できる。例えば、**図表4-13**に示している提案書の例は、会議の目的を意思決定と情報共有に絞った書式である。話し合いが迷子になることもなく、決定事項も明確にできる。また、どのように会議を進めるかが提案ごとに異ならないため、提案者や司会者が会議を進めやすくなる。会議によってはホワイトボードなどを活用して話し合った内容を書き込んでいき、会議が終わればタブレット端末などで写真を撮り、共有するという方法もある。

　会議の時間を効率的に活用し、質を確保するためには提案資料の充実が大切である。資料作成の際、事前に確認すべきことをチェックリスト化した。**図表4-14**に示してあるので、参考にしてもらいたい。

5　業務分担の促進：業務アシスタント、学生ボランティア、小学校教科担任制

　一人で多様な業務を抱えると、どうしても時間がかかってしまう。そこで考えたいのは分業である。業務を分担することによって、効率的になることがないか検討する必要がある。

　まずは、業務アシスタントや学生ボランティアを活用し、業務を切り出していくことが考えられる。

　近年は、業務アシスタントの配置が増えており、電話対応やコピー、教職員同士の連絡・調整などの業務を引き受けてもらっている。特に大規模校であればこうした業務が増え、他の業務が滞ってしまうことがある。また、外国籍の子どもの対応のため、外国語の得意なアシスタントを配置してもらうといった方法もある。業務アシスタントとの密な連携が求められる。

　また、学生ボランティアがいる学校では、彼らに印刷や掲示物の貼り出し作業を手伝ってもらうこともできる。将来教員を目指す学生にとっても貴重な機会となるため、協力体制を整えるというのも手である。

　小学校における教科担任制も、教員間の役割の明確化による効率化の策と捉えることができる。ある教科に特化して授業を行うため、より洗練さ

図表4-14　重要事項チェックリストの例

提案資料作成　重要事項チェックボックス

提案名

項目	No	重要事項	チェック
全体	1	学校教育目標をブレイクダウンさせたねらいになっているか	
	2	ねらいが達成できる内容になっているか	
	3	昨年度の課題を確認し、課題と改善点が明確に記されているか	
	4	改善策とその背景・理由が明確に表現されているか	
	5	何で時間をとるか（時数と教科名・行事など）が記載されているか	
	6	児童の事前指導が必要か　必要ならばその内容が記されているか	
	7	検討事項は何かが記されているか	
	8	検討事項の意思決定のための資料は準備されているか	
時期	9	他行事との関連は考慮されているか	
	10	PTA　業者　学校開放　地域等の関連が考慮されているか	
	11	各学年にとって無理のない時期か	
	12	天気に左右される場合の雨天案はあるか、もしくは予備日は設定されているか	
	13	給食カットの必要性があるか　可能な時期に設定されているか	
タイムマネジメント	14	タイムスケジュールが記されているか	
	15	子どもにとって、教職員にとって無理がある箇所はないか	
	16	移動時間、入退場時間などを考慮したか	
	17	給食時間や下校時刻に影響はないか	
児童	18	児童の動線が明確になり、かつ適切か	
	19	並び方などは適切か	
	20	児童の行動は明確か（立つ、座るなど）	
	21	代表児童の指導プロセスはあるか	
	22	委員会の児童を動かす時の対応は記されているか	
教職員	23	一人ひとりが、どこで何をすればいいかが明確になっているか	
	24	担任がいない場合の対応は考えているか	
	25	嘔吐セットや緊急セットの持ち物の責任者は記されているか	
	26	校長・副校長の予定は確認したか	
	27	学年に何かお願いする場合は、学年主任に可能か確認できているか	
	28	技術員・調理員などに依頼がある場合は、確認ができているか	
場所	29	運動場、体育館は、休み時間などの児童の影響や行動が記されているか	
	30	他学年との関連は調整できているか	
	31	PTA　業者　学校開放　地域等の関連が考慮されているか	
安全管理	32	危険予知がされているか（場所、行動）	
	33	危険箇所の教職員の対応は5W1H（いつ、どこで、だれが、なにを、なぜ、どのように）で記されているか（場所、行動）	
	34	けが人や病気の子の対応は書かれているか	
	35	万が一の対応がある場合は、考慮したことや対応策が記されているか（地震などの災害やインフルエンザの流行など）	
	36	登下校時刻の変更がある場合は、安全への対応と保護者への連絡方法などが記されているか	
保護者来賓地域	37	保護者や来賓の動線は考慮されているか	
	38	誰が、どのように対応するかが記されているか	
	39	保護者・地域に対する危険予知がされているか　その対応策はあるか	
	40	何を協力してもらうのかが明確か	
	41	前年度の学校評価などの声は反映されているか	
	42	お知らせを出す必要があるか　必要ならば、いつまでに誰が発行するのか	

図表4-15 業務アシスタントに依頼する作業の例

外部との応対	事務作業	職場環境の整備
電話、来客、業者など	印刷、綴じ込み、パソコンデータ入力、アンケート集計、配付物仕分け、封筒入れ、宛名書き、ラミネートなど	ファイル整理、表示、廃棄文書、掲示など

れた指導につながる。一人の教員が多くの教科を担当するよりも、教材作りの面から見ても効率的である。教員同士の情報交換や時間割の工夫が必要になることは留意しておくべきである。

4 職場の風土を変える「漢方治療」の対策

1 働き方の「見える化」：勤務状況の実績、ストレスチェック、業務改善ボード

　職場での働き方を意識するには、現状を数値化したり、文字にしたりすることが効果的である。それをもとに改善案を検討することもできる。出退勤管理システムによる時間外業務の時間算出や、ストレスチェックによる心理的な負荷の数値化が可能である。重要なことは、みんなでそのデータを見ることである。職場全体でその数値の改善に取り組むことで、一つの目標に向かって組織がまとまることができる。

　その他、日々の業務をしている中で、「あ！これは改善できるな」と気づきがあった時に、ホワイトボードに書き込む「業務改善ボード」は働き方を改善案を発見するのに有効である。「業務改善ボード」は、業務の中で改善できることを発見した時に、自由にそして気軽に書き込んでいくものである。職員室などにホワイトボードを置いておき、業務をしていて気

図表4-16　業務改善ボードの例

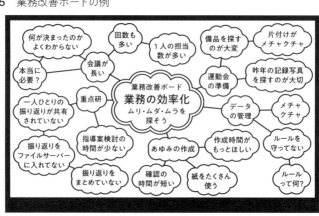

づいたことを書いていく。そして、そのコメントに対して考えたことがあれば、それもボードに書いていく。ボード上の対話を通じて働き方の改善につながる貴重なアイデアが生まれる可能性もある。

「業務改善ボード」は多くの教職員が目に触れる場所に置いておくことが重要である。また、このボードへの書き込みを通じて、働き方改善を「みんなで取り組んでいる」という空気に自然に持っていくこともできる。

2 時間の意識化：時間外業務開始のチャイム、休憩時間に音楽

時間に対する意識が低い職場も少なくない。休憩時間がいつなのか、始業や終業がいつなのか、ということがほとんど忘れ去られている学校もある。そういった職場では、時間に気づきやすくする工夫も必要である。

例えば、チャイムの活用がある。チャイムは児童・生徒の授業時間などに合わせて鳴らされるが、終業時間のタイミングに「大人のチャイム」として鳴らすと、時間を意識的しやすい。

同様に終業時間を意識するためには、音楽を流すという方法もある。特定の音楽を流すことによって、「今から退勤時間なんだ」という意識が高まり、教員同士で気づき、声をかけ合いやすくなる。

図表4-17 時間外業務を知らせる「大人のチャイム」

3　改善へのポジティブな意識づくり：理想の1日を考える、成果の共有

　これまでの働き方を変えていくのは、心理的な負担がかかる。それを乗り越えるには、改善に向けてポジティブな雰囲気をつくっていくことが重要である。そのために、「あるべき姿」を考え、小さな成功体験を重ねていくことが効果的である。

　あるべき姿を描くためには、教職員同士で理想の1日を考えてみるという方法がある。ワークショップでも、発表会でもよいが、それぞれが思い描いている理想の1日を共有し合う場があるといい。理想に向かって目標を立て、少しずつ改善させていこうという意識が芽生える。また、お互いの働き方に対する考え方や状況の違いにも気づくことができる。働き方だけでなく、どんな学校にしていきたいのかという、働き方の改善の先にある姿を見据えることも重要である。

　成果は小さなことでも定期的に共有していく。「見える化」された業務時間の数値やストレスチェックなどを用いて改善傾向が見られれば、都度、全員で共有し、「やればできる」という雰囲気を醸成していくことが重要である。また、早く帰れたことで実現できたこと、という意味での成果も共有してよいだろう。趣味に時間を使えた、家族と過ごせたなどのポジテ

図表4-18　理想の1日のデザインの例

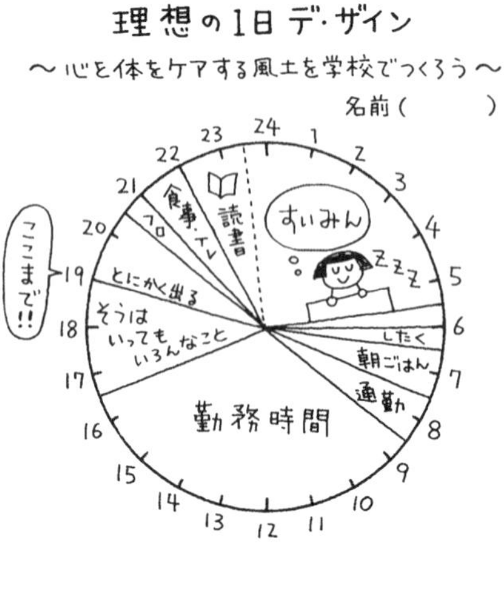

ィブなコメントが共有されると、意識の高まりにもつながるであろう。

4 研修やカフェ：異業種交流、カフェ

　毎日同じ職場に勤務し、その職場での働き方に適応して仕事をしていると、考え方も固定的になりがちである。なかなか課題が見えづらい。その場合は、いったん職場を離れてさまざまな人と働き方について考える場を持つというのも有効である。

　一つは、異業種との交流が挙げられる。教育業界ではない企業での先進的な事例を見聞きする機会を持つことで、新たな視点が得られることがある。

　もう一つは、同じ課題を抱えた人々で情報交換することが挙げられる。子育て中や介護中の教職員で集まり、今抱えている悩みや仕事とうまく両立する工夫などの意見を交わし合うと、改善のヒントを得られるかもしれない。

図表4-19　意見を交換するカフェ・研修

第5章

対談
~現場から見た教員の働き方~

本章は、働き方について積極的な実践や発信を行っている方々と本書の監修者・中原淳との対談である。小学校教員、中学校教員、管理職のそれぞれの視点から、現在の働き方改革はどう見えているのか、そして、その先には何があるのか。また、最後に、特別対談として教育行政の立場から見た働き方改革について横浜市教育委員会の方々に語ってもらった。

対談 1
働き方改善の先にあるもの

岩瀬直樹
一般財団法人
「軽井沢風越学園設立準備財団」副理事長
1970年生まれ。埼玉県の公立小学校教諭として、4校で22年間勤め、学習者中心の授業・学級・学校づくりに取り組む。2008年度埼玉県優秀教員表彰。2015年に退職後、東京学芸大学大学院教育学研究科教育実践創成講座准教授として就任。2018年4月から現職。著書に『成果を上げて5時に帰る教師の仕事術』(学陽書房) ほか多数。

● 子どもが生まれて働き方が一変

中原 岩瀬先生はクラス運営や先生の働き方について、これまでブログや著書で多くの示唆に富んだ発信をされていますが、改めてご自身の新任の頃を振り返るとどんな状況でしたか？

岩瀬 現場に入ってみたら、とにかくできないことだらけでしたね。教員になったらすぐ理想的な先進的な教育ができるだろうな、と思っていたんですよ。しかしそれどころか、教室さえホールド（Hold）できない状況でした。保護者からも「授業中うるさいって子どもが言ってます」とか言われたり、連絡帳に書かれたりする。そうすると、放課後に電話しなきゃいけない。保護者との対話に慣れていないので、どう電話していいかわからず、いざ電話しても長くなる。日々に追われる繰り返しで、気持ちが滅入るわけです。対応が終わっても明日の授業の準備が残っているので20時すぎまで残業して、その後先輩にご飯に連れ出してもらって家に帰る。ああコメント書きが残っていたと持ち帰る。そんな毎日でしたね。

中原　仕事があふれているんですよね。
岩瀬　就業時間には、基本的に子ども（生徒）たちがいるから授業準備する時間はないですね。それこそ油断していると、休憩どころかトイレに行く時間すらとれなかったりして。
中原　経験を積むとやり方も覚えて、楽になってきたりするんですか？
岩瀬　僕の場合は、徐々に変わっていったというより、子どもが生まれて早く帰らざるを得ない状況ができたのが大きいです。仕事と並行しての育児が始まりました。お迎えも夫婦交代で、迎えに行かない方は家でご飯を作る担当です。
中原　なるほど。ってことは、2人とも17時半とかには仕事を切り上げて学校を出なければならないということですね。

● どうやって2.5時間減に対応したのか？

中原　今まで20時までかけてこなしていた仕事がいきなり2時間半短くなったわけですよね。どこをどう削りましょうか？
岩瀬　まずは、授業準備をどれくらい削れるかを考えました。まずは、テストの丸つけとノートへのコメント書きがターゲットになりました。
中原　具体的にはどうやったんですか？
岩瀬　まず、テストは終わった人から持ってきてもらって、丸つけしてその場ですぐ返しました。そうすると、時間内に全部返せます。しかも、即時フィードバックされるから、間違えたところを子どもたちが気づいて修正できる。忘れた頃に返しても、机の奥でくしゃくしゃの"肥料"になっていたりするじゃないですか。ところが、その場で返すと見るんですよ「え！ 間違えてた？」なんて言って。これは、お互いにとっていいぞと思って、ノートでも同じ方法を試してみました。判子だけバーっと押して返す時に一言ずつ、「今日、すごく丁寧に書けてたね」と即時フィードバックする。
中原　なるほど。そうやってどのぐらい時間は短縮できました？
岩瀬　1日あたり、優に30分は減るんじゃないですかね。1人に1分だとしても30分ですから。

中原　時間の点でも、子どもへのフィードバックという点でも、メリットがある一方で、世の中の、あくまでも規範として、「一言書く先生がいい先生だ」なんて声がちらほら上がってきそうな気がするんですが。

岩瀬　とにかく「手をかける先生がいい先生」みたいな風潮は、今もなお根強くあります。例えば、廊下に図工の作品を飾りますよね。それに自分だけコメントを書かない選択は、結構後ろめたいんです。保護者から「あの先生は手抜きしてる？」と思われるんじゃないかと……。

中原　実際どうですか？　言われますか？「コメント書かないよね」って。

岩瀬　言われないですね（笑）。そこで考えたのが、子ども同士がお互いの作品にコメントし合うという方法。付箋で貼るようにしたら、先生が書くよりもコメントの量が多くて、意外に子どもたちも、そちらの方が嬉しそうで、大切に持って帰ったりするんです。

中原　先生が良かれと思ってしていたことは、案外、子どもたちには響いていないってこともあるということですかね。

岩瀬　響いてないことも多いですね。でも保護者が気になってやめられない。手抜きって思われるのでは……と、「見えない影」におびえるのです。

中原　それは、親だけじゃなくて、先生自身がそう思っているということですか？

岩瀬　そうです。ただ、無理もないことで、学校の普段の授業の様子は、なかなか保護者には見えません。何をやっているかわからないから、貼ってあるものとか、置かれているもの、コメントみたいな「見える化」されたものでしか先生の仕事が見えてこないんです。そこで仕事が測られてしまうという構造があって、みんな降りにくい。

中原　じゃあ、みんなが一斉に「やめた！」と言ってやめてしまえばいいけど、それができないと。

岩瀬　そうですね。実は子どもの方はやめても困りません。例えば学習ノートの宿題があるとしますね。そんな時、僕はこんな風に言ってました。「コメントを全部書くと1人2分で合計1時間かかる。でも僕は子どもがいて、5時半には帰らなくちゃいけない。放課後の時間はこれだけしかないから、休み時間にコメント書きをしないとならないけど、その時間はみ

んなと遊んだり、話したりしたいからもったいないと思ってるんだ。だから、コメントは書かないよ。でも、ちゃんと丁寧に読んでるし、必要なことがあったら直接伝えるから勘弁してね」って。そうすると、「そりゃそうだよね」「その方がいいよ」とすんなり納得してくれましたね。

中原 どのくらいの学年の子にそういう説明をしていたんですか？

岩瀬 低学年でも伝わります。その代わり、ノートを返す時に口頭でコメントします。「このまとめ、面白かった！」とか。その方がコミュニケーションとしてはお互いにちょっと嬉しい。これは発見でした。時短にもなるし、子どもとの関係性も変わりました。文字のコメントだけでは関係性は築けないんですね。

●単元ごとの授業準備と学習者への責任の移行

中原 他に何か工夫したことはありますか？

岩瀬 経験をそれなりに重ねてからですが、例えば、授業の準備は単元ごとにまとめてデザインするようにしました。単元ごとにデザインして共有し、学習のプロセスを子ども自身が管理するという学び方に変えたので、スタート時点でしっかり準備しておいて渡せば、あとは学びのプロセスを丁寧に追って、必要に応じて足場かけをするようにすればよくなりました。このやり方に変えて、毎日、毎時間準備する必要がなくなりました。

中原 それは、例えば、教える目標とか必要な内容を挙げて、あとは生徒たちに委ねてしまうということですか？

岩瀬　はい、そうですね。子どもに責任を移行していくんです。そもそも、今の講義中心の一斉授業って、「壮大なフィクション」の上に成り立っているんです。

中原　どういう意味でしょうか？

岩瀬　クラスの全員が前時までのことはわかっていて本時を迎える、というのがそもそもフィクション。実際は、とっくにわかっている人もいれば、全然わかっていない人もいるんですよね。だから、そのために、それぞれの理解度に合わせて準備することに労力を割いて膨大な時間をかけている。もちろん僕も同じでした。でも、だったら、単元丸ごとの課題、クリアできたかを測るものが全部書いてあるものを最初の時間に渡しちゃう。その時間で全てクリアして最後はここができるようになっていればOKというようなものですね。

中原　つまり、入ってくる子の初期条件が違っていて、プロセスで何をするかは、その初期条件ごとにいろいろ多様なパスに満ちている。で、「最終的にはここまで行けよ」ってことですかね。

岩瀬　そうですね。

中原　面白いですね。私のゼミでも、結局、学生たちに一番刺さるのは、彼ら自身がコントロールし、イニシアチブをもって彼ら自身が計画したことなんですよ。自分たちで計画して、自分たちで課題発見していくのが大事だよねっていう、この集団づくりが教師の腕の見せどころですね。

岩瀬　そういうコミュニティができるとその先がいい意味で楽ですから。

中原　それが成り立つ上で必要な条件みたいなものってありますか？

岩瀬　「ゆるやかな共同性」ですね。例えば、困ったら、関係性を超えて「ちょっとわからないんだけど助けて」って気楽に言えるということです。それと関連して基本的に自分の学習は自分で管理するものなんだってことが、了解されているかどうかっていうのは大きいです。

中原　すごく極端な例で言うと、クラスの中で困った子、わかっていない子がいても、すでに理解している子が教えてあげるという規範が暗黙のうちに成立していないと「何か困ったやつが一人いるわ」で終わってしまう。そういう意味では「学ぶ集団づくり」が大事ってことですか？

岩瀬　それは大きいですね。そこが大事だと気づいたのは、教員10年目の時に現場を離れて長期研修で大学に戻った時のことでした。ちょうどワークショップの黎明期で、「学習者主体で学ぶってこんな感覚」というのを学習者側の立場で体験したんです。ここで「学習者主体になると学校教育も変わるんだ」という感触を得ました。
中原　そこに気づいて、実際、楽になりましたか？
岩瀬　年々楽になりました。僕は「さぞかし忙しいだろう」「子育てもして、よく本を書く時間がありますね」なんて言われていましたが、実際は17時半に帰って本を読んだりして、割と自分の時間を使えていたんです。

● 「時間をかけるほどいい」に縛られる先生と子どもたち

中原　先生がブログで「学力＝学んだ時間」モデルの課題を、教員の働き方と子どもたちの学びとで連動して語られているのが印象的でした。[1]
岩瀬　現場にいると「時間を増やしたらいい」という議論はよく出てきます。例えば「放課後学習をやった方がいいんじゃないか」など。勤務校でも実際に行われていました。でも、その時から、「それってあまりに素朴すぎるモデルじゃない？」と疑っていました。スポーツだって、ダラダラと長時間練習したってうまくなることは絶対にないのに、学校の勉強に関してだけは、「時間を増やせば学力は伸びる」みたいな考え方がありますよね。この素朴なモデルは結構根強いものです。その結果として、自分で仕事を増やすことになってしまう。
中原　民間企業と違うのは、残業代がないから無限になっていくところですね。
岩瀬　そして、気持ちいい。貢献しているというか、献身的にやっているんです。教師は仕事によって給料が上下しないので、要は自分の中の「思い」みたいなことで仕事をする人が多い。子どもに「手をかけている」ということが自分にとって気持ちがいいわけです。「俺って、献身的に仕事

1　ブログ「いわせんの仕事部屋」(2017/1/17)「学力＝学んだ時間」モデルと教職員の働き方改革と。http://iwasen.hatenablog.com/?page=1516330908

してるな〜」って。

中原 そこも面白いところで、献身的に仕事をするっていうのは、見える化しにくいわけじゃないですか。だから、献身的な仕事やパッションを指標にして直すと、「あの先生、学校に長くいるよね。だからいい先生」って図式が成立するってことですね。

岩瀬 成立しますね。やっぱり僕も子どもの「お迎え」のために早く帰る時、うしろめたさみたいなものがありましたからね。どこか「みんな仕事しているのに（自分だけ）悪いな」みたいな。

中原 大抵そういう時「すみません。今日は早く帰ります」って。

岩瀬 言いますね。でもやっぱり、そこは「長くやった方がいい」と連動しているわけです。子どもの学びに対しても同じように思っているところがあって、たくさん、長く、やった方がいい。だから宿題もたくさん出すわけです。この「長くやった方がいい」っていうのは、教師自身が学校という場での被教育体験で積み重ねてきて、割とそれにはまった人たちが多いからだなと感じます。これはあくまで仮説ですが。

中原 学び方が働き方につながっているということ？

岩瀬 オランダで、ある学校の授業を見たことがあるんですが、教室の机はグループテーブルで、そこに座って協働するのが基本です。職員室も大きいテーブルがあって、お茶を飲むようなスペースになっています。それを見て、子どもの学び方、人との関わり方の原体験は仕事の仕方と連動しているんだろうなと思いました。その学校の子どもたちは、対話するとか、

学び合う、人と一緒につくることで何かが出来上がることに関して、子どもの頃から経験を積んでいるわけです。その点、日本は一人でやる、一生懸命やる、たくさんやる経験を積み重ねてきて、それが美徳だっていう学び方をしていますから、教員になってもその価値を信じて疑わない。そういう構造があると最近思いますね。

● なぜ先生は、一人で全部をやらなければならないのか？

中原 もう一つ不思議に思っていたのが、教育のバズワードである「同僚性」です。本当に現代の学校で、この同僚性が機能しているのでしょうか？ また、この同僚性には一般的に管理職は含まれていないのですが、「リーダー抜きのフラットな関係」を理想形に置いていいのでしょうか？

岩瀬 放っておくとほぼないですね。教材研究は「自分の責任でやることだ」という文化があるし、教員ごとに信念の違いがありますから。

中原 価値観が違うし、そこを詰めて一つにするくらいなら、もう全部私が一人でやりますと。

岩瀬 それに加えて、「評価する・される」という面におびえているところもあります。例えば、この学級は自分の責任だから、うまくいかないと自分の責任という考え方。評価されるのがこわいので、仕事がどんどん個業化していきます。その結果として生じる無駄も大きいと思います。同じプリントを別々に刷ったりとか。最近の状況では、若い先生が増えてきて、さらに弱みを見せにくくなっているという事情もありますね。当然経験が浅いからうまくいかないのは当然です。しかしそれを開示するのは、自分に力がないことを見せることになる、と解釈してしまって言い出せない。そうこうしているうちに状況が悪くなり、同僚に見られると、やっぱり評価の視線で「ちゃんとシメておかないからだ」なんてしょうもないことを言われる。困れば困るほど、マイナス評価を恐れて個業化していく。チームで働くことに慣れていないというか、そもそもやったことがないんです。

中原 そこは不思議ですよね。「やったことがないもの」が「当然あるはずのもの」にすりかえられてバズワード化している。

岩瀬 同僚性っていう言葉が適切かわかりませんが、「一緒に何かをやる」

っていうのは、小学校の場合は、結構崩壊している印象ですね。

●単純に先生の仕事を減らしても生徒の学びの質は変わらない!?

中原 この本の内容と少しずれてしまうかもしれませんが、教育の世界では、「やること」とそれを実現するためのリソースが一緒に語られない傾向がないですか？「やること」は本来それを可能にするリソースと共に語られるべきなのに、そこには注意が傾けられない。企業だと何か新しいことをやる時には「やるのはいいですけど、他の仕事どうするんですか？」とかリソースの問いが必ず来るんだけど、学校ではないんですか？

岩瀬 ないですね。リソースは限られていて、すでにはみ出しているのにどんどん足してポジティブリストをつくってしまう。大変になるのはわかっているのに「無理です」って言いにくい。

中原 それによって、現場は支えられてきた。でもそろそろ持たないのかな……。

岩瀬 ただ、単純に先生の仕事を減らせばそれで問題はないのか、というと、それも違いますね。最近、僕は小規模校を見学する機会が多くてそこで気づいたことなのですが、例えば、生徒が4人に先生が1人だったりしても、そこでの学び方が大きく変わるかというと、まったく変わっていない。4人を相手に一斉授業をしたり、修学旅行の役割決めも挙手制で決めたりしてしまうんですよ。

中原 それは面白いですね。「さあ、皆さん！」って、たった4人！

岩瀬 個別に進度をばらばらにして進めたって十分対応していけるのに、一斉授業への疑いは全くない。むしろ「標準」に向かう。教員一人で毎回授業準備したりしているわけです。仕事が減っていくと、かえって今までの学校モデルとか授業モデルが強化されていくかもしれません。

中原 そうすると、言い方は難しいんだけど、思い込みが多忙をつくっているって側面もあると思うんですよね。

岩瀬 あると思います。結局、学びの質のところに踏み込まないと、結局同じことを繰り返していくだけで、運動会の準備も会議も授業も、みな同じようにやってしまう。そこを不思議に思いながら小規模校を眺めていた

ら、子どもが荒れないし、目も行き届くし、短期的には困っていない。「変えていこう」というモチベーションが生まれない。困っていないのに、なぜ変えるの？ くらいの感覚です。
中原 慣れたやり方を変える方がつらいんでしょうね。教え方を変えなくちゃいけないし。でも、どこかわかる気もするな。
岩瀬 今のままの働き方改革では、ただ時間が減っただけになっちゃう。結局何も変わらない可能性があります。
中原 時間の削減、これは、はっきり言っちゃえばできるんですよ。キャップをはめればいいんだから。むしろ、学び方や教え方の意識を変えることの方が難しい。アンラーニング（学習棄却：Unlearning）には痛みが伴うのです。
岩瀬 そこは本当に難しいですが、必要なことだと思います。例えば、仮に部活をやめたとしたら、今度は授業が問われますよね。今まで部活を含めて成り立っていたことも、授業だけで問われるようになる。子どもが次々倒れていくような授業が残り、多くの生徒にとっては楽しみでもある部活がなくなるとどうなるのか……。部活での充実感を日々の学びで実現できるのか。僕は、現状がそこに近づいているような気がしますね。
中原 それはつまり「先生たちが楽になるためだけにこれやっただけじゃない？」って言われるってことですよね。だから質的な学びの転換とかが起きて、「何か学校変わったね」と思われない限りにおいて「結局は楽になりたかっただけじゃない」と言われると。
岩瀬 そうなりかけていると思います。だからと言って、仕事を減らさなくていいというわけじゃないんですが。

● 「いい先生」のロールモデル
中原 先にも話題に出ましたが、とにかく時間をかけてやる先生が「いい先生」だと言われがちなのは、そこにわかりやすさがあることも一因だと思います。一方で、学び方や働き方を変えた時の、新しい「いい先生」像は、まだみんなに見えていない。それが形になっていないと、そちらの方向に進んだ方がいいとわかっていても、ついわかりやすい方に流れていっ

てしまうように思います。
岩瀬 新しい「いい先生」像を伝えるのは難しいですね。なぜかと言うと、本人が経験していないことを、何かモデルとして示されたところで「これだ!」と思えるのか、痛みを伴ってでも挑戦してみようと思えるのか。結構難しいと思うんです。あくまで僕の例で言うと、自分の学習者としての経験から「こういう学び方があるんだ」という実感が生まれて、ワークショップの学びの方向にぐっと転換しました。一般論ですが、先生って、自分が学び手として「これはいい」と経験したものは子ども相手にやりたがるじゃないですか。だから、良質な学びの場に出会うのが、間接的に見えて、一番影響力があるんじゃないかと思いますよ。

●新しい学校で実現したい働き方とは

岩瀬 僕が新しい学校づくりに参画しようと思ったのも、今の話に通じます。僕の場合は、オランダに見学に行った時に、そこで行われていることが「割と普通」って思ったんです。「仕組みがこうなっていれば、こんなに普通にできるんだ」とか。それは本を読んで知っていた時の感覚とは全く別のものでした。
中原 その感覚はよくわかります。ちなみに、軽井沢風越学園(2020年4月開校予定)では、どんな働き方や学び方を実現したいと思っていますか?
岩瀬 例えば、実現にはハードルもありますが、教員が学ぶ時間を仕組み

として就業時間の中に組み込みたいですね。アイデアとしては、例えばランチエイドという、保護者やボランティアの人が生徒の食事を見てくれるという取り組みがあります。それが実現できれば、毎日1時間程度ミーティングや教材研究にあてることができます。また例えば水曜日の午後を空けるようにして、ここは研修に使えるようにするなど、一つは時間の面から考えています。

中原 本質的には教師は学びを必要とする職業なのに、現状の学校では、学ぶ時間が就業時間内に確保されていないってことですよね。

岩瀬 おっしゃる通りです。「あとは各自で頑張れ」っていうモデルだから。ただ、学ぶ時間を保障して、そこにリソースが絡み、そもそも教員って学ぶものだよね、という意識が共有されていけば、その時間は有効に使えてくるはずです。もう一つは、一人で一つの学級を担当するモデルを変えて、「チームで働く」ことを仕組みの中に入れていくべきだと思っています。

中原 それで就業時間は減るんでしょうか？

岩瀬 少なくとも就業時間の中で終わることはぐっと増えますし、例えば研修なんかのために平日に学校を空けることも、担当が2人いれば、物理的に可能ですよね。時間的なことに加えて、どういう学びができるかというリソースの両方がそろうと、ずいぶん変わってくるだろうと思います。

●若手は自分の成長を、管理職は「学び」を大事にしてほしい

中原 若い教員に働き方の問題についてアドバイスするとしたら、どんな言葉をかけますか？ また、管理職の人に一言かけるとしたら？

岩瀬 教師というのは、やっぱり面白い仕事だと思うんですよね。僕自身は、この仕事をつまらないと思ったことはないし、辞めたいと思ったこともありません。人の成長に寄り添う仕事って本当に面白い。それは、自分の成長もリンクしていくからです。だから、自分の成長を大事にしてほしいと思うんです。先生自身の「自分が変わっていく」とか「大人になっても変われる」といった実感値は、絶対に教室の学びに現れるはずです。管理職に学び続けてほしい、変わり続けてほしいと思いますね。もちろん、苦しいことはわかっています。権限もない、学ぶ機会も保障されていない。

中原 僕は、学校の先生こそ「一流の教育研修」「世界最先端の学びの機会」が提供されるべきだと思いますよ。その部分は国にも声を大にして言わなければならない。でも、そうはなっていない。

岩瀬 そうですね。ただ、できないと思い込んでいるところがあったり、「これをやると、こう評価されるんじゃないか」とひよったり。本当は、自分でもできることだってあるんですよ。制度の隙間を突くこともできる。そこをあえてやることが、教員のモデルにもなります。「こんな風に変えていけるんだ」と。「この人、学んでいるな」とか「変えようとしているな」っていうのは、意気に感じるものなんです。そこに教員が呼応してサポートしようとか、冒険したいって気持ちも生まれていくはずです。だから「いい学校にしたい」「変えていきたい」という気持ちを手放さないでほしいですね。

中原 管理職は学んでいませんか？ 時間がなくて放棄しちゃうのかな。

岩瀬 多くの人は知らないんだと思います。学校経営についても、今までの学校の中のモデルしか見たことがない。新しいスタイルを経験したことがない人が管理職になった時に、それをつくれるかというとそこはやはり難しいものです。だからこそ、社会や学問に目を向けて、現場の教師にとっての学び続けるモデルであってほしいと思います。

対談 2
学校で行う部活動の「これから」

杉本直樹
大阪市立上町中学校国語科教諭
1980年生まれ。小学校から地域の少年団でソフトボールを始め、中学と高校では野球部に所属。大学時代は小学生時代に所属していたチームの指導を経験し、教員になってからは主に野球部の顧問を担当。著書に、部活動指導の要諦をまとめた『部活動指導スタートブック』(明治図書出版)がある。

●部活動の顧問と生徒の関係

中原 長時間労働を考えるにあたって、特に中学校の場合は部活動の問題を避けて通れません。それは先生方の労働時間に占める割合だけではなく、生徒の学習や生活に与えている影響の大きさからも言えることだと考えています。実際に、先生の目からご覧になって、中学校生活の中で、担任の先生よりも部活動の先生との時間の方が関わる時間は長くなっているものなんでしょうか。

杉本 長さというよりは、濃さの問題はあるかもしれません。子どもたちの視点で考えると、例えば野球やサッカー、バスケットなど、自分の好きな活動に参加しているわけです。顧問の先生は、それを教えてくれる、さらにチームもまとめている存在です。担任の先生とはちょっと質の違った関わりにはなると思います。

中原 教師と生徒というよりは、親子みたいな関係ということでしょうか?

杉本　それは顧問の先生の線の引き方にもよります。昔ながらのボス的な存在として「とにかく俺の言うことを聞け」というスタイルなのか、一緒に考えていこうとする最近のスタイルなのか。

中原　先生ご自身は、どちらのスタイルなんですか？

杉本　最初に指導にあたった時は、指導者然としていなければと思ったこともありますが、最近は一緒に考えていこうというスタンスです。どんな練習メニューにするかを生徒に尋ねることもあります。ただ、それによって子どもたちが「来てはならないライン」まで来てしまうこともあります。その様子を見た他の顧問から、「野球部は少し甘いのでは？」と言われることもありますね。

中原　「ラインを超える」とは、友達のような関係になるということでしょうか？

杉本　友達とはまた少し違ったもので、例えば、普段対立する関係になっていないために、必要があって、きつく注意した場合も子どもがそれをすんなり聞き入れないような状況です。フラットな指導スタイルを続けていく中で、そこは超えさせてはいけないラインだと考えています。これを認識していないと部活動の指導者を続けていくのは難しい。部活動は友達のように仲良くするだけでは続けていけないですね。

中原　ところで、先生も、最初の頃は指導者然としていたわけですよね。

杉本　僕自身が、野球の強豪校出身でしたから、指導者をトップとした厳しい環境で育っています。台風で学校自体は休校なのに、昼に警報が解除になったら野球部は練習だとか、遠征試合でひどい負け方をしたら、わざわざ夜に学校に戻ってきてヘトヘトになるまで坂道ダッシュとか……。ですから、そういう指導が基本だと思っていた節はありました。

中原　私なんかは体育は「２」がついたこともあるような生徒だったので（笑）、全く想像もできない世界ですが、今でもそんな状況が続いているんでしょうか。

杉本　クラブにもよりますが、さすがにこんなやり方を再生産していくのは時代遅れのスタイルですね。ただ、中にはそんなやり方を半ば自慢げに語る先生もいます。いまだに「厳しいことはいいことだ」という価値観が

残ってます。

中原 そんな旧態依然としたタイプはどの程度いるものですか？

杉本 競技にもよります。特に野球部はビシッとしていなければならないというイメージを持つ人が多いようです。顧問の先生の年代はあまり関係ないですね。練習試合をすると、自分より若い先生が生徒たちを怒鳴っている場面に出くわしますから。

中原 保護者もそれを期待していたりしますか？

杉本 小学校時代に少年団で厳しい指導を受けていた子の保護者から、「もっと怒ってくれな、びしっとせえへんで、子どもら」なんて言われたこともあります。

●部活動は何を目指すのか？

中原 部活には、厳しくするか甘やかすかの二軸しかないものなんでしょうか？

杉本 基本的に、その二つの方向性があります。ただ僕自身は少し目指すものが違って、生徒たちが部活動を引退した時に、その子なりの充実感が持てて「先生と一緒に部活動ができて良かった」「高校でも野球を続けたい」と言ってもらえることが指導の成果だと考えています。

中原 ただ、実際は、先生のように、「これからも続けていきたい」ということを成果指標に掲げるよりも、「勝ちにいく」ことを目標に進むケースの方が多いのでは？

杉本 確かに、「勝ち」を重視するケースが多いですね。だから、生徒たちは勝てないと、もんもんとしてしまうし、しんどい。そうでなくて、「好きだから部活動を続けているんだし、勝った負けたで一喜一憂するのはやめよう」と呼びかけています。むしろ、大会で勝ちたいなら、どういう練習がいいのか、どうモチベーションを保っていくのか、下手な子がいたら、どうやってみんなの輪に入れて一丸となって戦っていくのか、そちらを考えさせます。

中原 以前、陸上の為末大さんと対談した際に、プロのスポーツと部活動の違いに話が及んだことがあります。あたりまえですが、部活動にはその

競技が苦手な子も参加しています。為末さんによると、それが部活とプロスポーツとの大きな違いだそうです。だから運営の仕方を「勝ち」にこだわるプロスポーツと同じにしてはまずいわけですね。

杉本 授業と同じです。いわゆる学力のレベルがABCの生徒がいたとしたら、Cの子にもわかる授業でないと退屈してしまいます。その一方で易しすぎる問題ばかり解いていたら、今度は優秀なAの子が退屈してしまう。部活動が学校で行われている限り、授業と同じスタンスでよいと考えています。

● 学校に部活動がある意味とは

中原 そうなると、学校で部活動が行われることにはどんな意味があると考えていますか？　例えば、教室以外にコミュニティがあることで、教室に定着できない生徒が部活動の場を自分の居場所にできるとか？

杉本 部活では、好きな競技や分野に集まっているわけですから、勉強が苦手な子や教室でなかなか我慢できない子も部活では頑張れるということはあります。だから「野球ならできてんねんから、教室でもいいところ見せろやー」なんてやりとりできることがありますね。逆に、教室では輝いている子が野球ではパッとしないこともあります。そういう子には「頑張ってやってるやん。自信持ってやれや。うまい下手だけじゃないで」と声をかけたりしますね。きちんと部活動に出席している、グラウンドを整備している、それで十分だと。

中原 子どもが教室で何か問題があったら、それが部活動の顧問の先生に共有されることはあるんですか？

杉本 情報が入ってもきますし、僕から担任の先生に「〇〇、頑張ってますか」なんて聞くこともあります。

中原 ある意味、「もう一つの教育の場」ということですか？

杉本 そうですね。これに加えて、他学年の存在があることが部活動の大きなポイントだと思います。たまたまですが、今年は２年生の部員がいなかったため、３年生が引退して、１年生のみ15人という状況です。横並びで指導はしやすいのですが、飛び抜けて引っ張る子がいない。先輩がいる

と、良くも悪くも、「ああなりたい」「ああなってはならない」という意見が出てくるものですが、1年生同士だと言い出しにくいようです。

中原 今年僕は大学を異動して、初めて学部生のゼミ生を持っています。立教大で初めてのゼミなので上の学年がいないから、「ああなりたい」も「ああなりたくない」もない状況は実感としてわかります。しかし同時に、意外にフラットな関係では運営が難しい。チームとしての成果を上げる上で、上の学年の存在は大事だと感じます。

● **なぜ今になって要・不要論で揺れるのか**

中原 こうやって話を伺ってくると、これまで中学校の先生と部活動は不可分だったことがわかります。ところが、最近では部活動を拒否する先生も出てきています。なぜ、今になって部活動を取り巻く状況が揺れているんでしょうか。

杉本 部活動の問題を取り上げた、名古屋大学の内田准教授の影響も大きいのではないでしょうか。「困っている人がいる」と明らかにされて、ようやく声を上げることができるようになった。これまでも潜在的には同じ思いを抱える先生方はいたと思います。

中原 先生の目からはどのくらいの割合だと？

杉本 実際には半数くらいはいたのではないかと感じます。ただ、みんながやっているから仕方ないという空気がありました。

中原 そして、土日も部活を休めない。

杉本 例えば、そんな環境の中で若い女性の先生は子どもを持つことも躊躇したりするわけです。土日がない、ウィークデーも残業では子どもを育てていく環境をつくっていくことは難しいですから。でも、それは男性にも同じことが言えますよね。共働きなら誰が土日は子どもの世話をするのか？ たとえ専業主婦の奥さんがいたとしても、土日を丸々部活動にあてていたら、1週間のうち、いつ、その男性の先生は子育てに時間をあてられるのでしょうか？ ベテランの先生に「私の場合、子どもは実家に預けっぱなしで勝手に育ってくれた」なんて話をされて、「みんながみんなそんな環境じゃないのに」と密かにやるせない思いをしていた人がたくさん

いたんです。
中原 先生の敵は先生ということですか？
杉本 実はそういう空気が無きにしもあらず、ですね。

● 現状を打破するには

杉本 先生を縛るのもまた先生の存在だと一番わかりやすく表れているのが、休みが取れない運動部の顧問はほぼ全て若い先生だという現状ですね。「俺も若い頃は運動部の顧問をやった。若手の登竜門だよ」なんて。普段の学校ではベテランの先生が学級の担任になってベテランならではのやり方で学級をまとめることがあるのに、部活動はなぜかそうなりません。顧問がベテランの先生1人、若手が1人という体制でもいいのではないでしょうか。
中原 チーム指導ですね。
杉本 ただこの案も良し悪しで、時間的な負担を減らすという意味では妙案ですが、若い頃に大会で勝ち抜いてきたベテラン先生が経験のない若手の先生と組んで「お手並み拝見」みたいな態度をとるような状況であれば、むしろ若手の先生にとっては1人で担当する方が負担は軽くて済むはず。そこには、部活動の顧問を語る上で、若手を育てるという発想が必要です。
中原 もう一つの方策として、外部から部活指導員を招く案もありますが、それはうまくいきそうですか？
杉本 技術指導者の問題がありますよね。例えば、野球だったら経験者は

いるかもしれませんが、教えるとなると話は別です。そうなると、水泳、ハンドボール、バレー……地域にどれだけ指導の適任者がいるでしょうか？

中原 子どもたちを指導する、職員室の先生とつなげると考えた場合、結局、先生方の仕事を増やす結果になるのではと危惧しています。

杉本 部活では、やってはならない失敗をした部員に対して、いくら技術的に優れていたとしても、「今週はサポートに回れ」みたいな指導をすることがあります。ところが、もしも外部指導の先生が「勝ち」を最優先した場合、そういった指導は通用しなくなりそうです。学校の部活動は失敗させたり考えさせたりする場ですから。

● **部活動は教育活動**

中原 あくまでも「部活動は教育活動」であるということですね。

杉本 そうです。

中原 学校の先生が学校の中で指導する意味があるとしたら、教育的な部分に付加価値を持たせる以外に、部活動を存在させるロジックは成り立ちません。

杉本 スポーツという視点では中途半端かもしれませんが、たまたま野球や部活動という場で子どもの成長を担っているけれど、基本は教室でやっていることと変わらないと思っています。

中原 先生の意見に賛成で、勉強でモチベートされる子もいるはずですが、それだけでは厳しいという子だって出てくるだろうと思います。その時に、勉強という物差しだけで測ったら、必ずビリで終わる子がいる。もう一つ——もちろん二つ以上あれば理想ですが——、部活動のような別の指標でモチベートさせて、考えさせ、失敗させ、振り返りをさせることが大切ではないでしょうか。

杉本 そうですね。まずは、失敗してもいい場にできるか、トライを良しとできるかですね。子どもたちは試合になると、大人が考えないようなことをすることがあります。例えば、唐突にバントを繰り出すとか。練習でやったこともないのだから、当然失敗します。そんな時に頭ごなしに否定

するのではなく、「もし、この場でやりたいなら、明日から練習に入れなあかんで」と言えるか。初めてやることの失敗については、まずそのアイデアの肯定から入ります。その上で、できるようになりたいなら、その方法を一緒に考えようと。

● **部活動のやり方を学ぶ場がない！**
中原 部活動指導は実に深いです……。ところで、先生はその方法をどこで学んだのですか？
杉本 どこにも学ぶ場所がなかったんです。今でこそ、学習院大学の長沼豊先生が部活動指導論を開講されているようですが、昔はそうした場がありませんでした。だから僕自身が経験を綴って出版したという経緯もあります。とにかく、若い先生が部活指導を学ぶ場がない。
中原 それが不思議なんですよね。部活動は中学校の教育活動の根幹の部分を占めているはずなのに、なぜ教員養成系大学ではそれを学ばないのですか？
杉本 これまでは、部活動の指導は教わっていないのです。そして、だからこそ教わってこなかったことをOJTでゼロから学ばなければならない。その割に責任だけ大きい。子どもたちだってモチベーション高く取り組んでいく場所なのに、教わる場がない。例えば、いきなり顧問を任された先生は、学校に対してどう予算をとるのか、道具はどうやって購入したらいいのかもわかりません。練習試合の相手だってどう見つければいいか最初はわからないわけです。
中原 わからないことだらけで苦闘していたら、自分の働き方まで考える余裕はなさそうですね。
杉本 だから、強いチームをつくりつつ先生自身が持続可能な働き方を維持していくかも大切な視点です。何かを犠牲にしていると思った時点で、その活動のスタイルは破綻しています。実は、そういった部活動指導の心得をまとめた内容を脱稿したばかりです（『部活動指導の心得』明治図書）。子どもたちに、十二分に練習をやらせるよりは、少し物足りないくらいでちょうどいいとか、運動会の練習が夕方まで続いた日は普段通りではなく、

自主練や１時間程度の練習に切り替えてもいいと思います。
中原 部活動指導で子どもにどの程度の時間練習させるかは、先生の指導時間に影響していますね。
杉本 僕自身は教材研究は自宅で取り組みたいタイプなので、会議がない時やテスト期間などは定時で上がれるよう計算しています。そうすると、勉強を見ていたい子がいたら声をかけたりもできますよね。

●もしも部活動がなくなったら……

中原 極端な話ですが、もしも一切部活動の時間がなくなったら、学校はどうなると思いますか？
杉本 まず教師の働き方を見てみると、仕事の総量が減りますから、他の仕事にその分をあてられるのは間違いありません。夏休みでも部活動がない日は、教材を作ったり、教室の整備に行ったりできます。
中原 子どもたちの生活に影響はありませんか？
杉本 中学生はパワーのある年代ですから、子どもたちの行き場や打ち込むものがなくなることの影響が何らか出てくることは目に見えてますね。小学生みたいに公園で遊べれば満足というわけにいきませんから、カラオケや食事に行ったりと、遊びの内容も変わるでしょう。だからと言って、子どもたちの健全な生活のためだけに部活動があるとも思いません。保護者の方々にも、部活動を「子守の場」だとは思ってほしくありませんね。
中原 保護者から「子どもを預かってよ」といった期待を感じるというこ

とですか？。

杉本　一緒に子どもを育てているわけですから、一方的に「活動がないと土日にごろごろしてるんです」と言われても「知らんがな！」と（笑）。

●変化を望まない人たちへの働きかけ

中原　部活動を担当している先生方の中にも、時間をかけた方が質の高い指導ができると考える先生と、働き方を変えていこうという先生がいると思います。両者の間に対立や溝はできないものですか？

杉本　さすがに、最近はお互いにあからさまな態度をとったりはしないと思います。ただ、いまだに教育現場では、長く学校に残っていることが評価される雰囲気はありますから、働き方を変えて早く帰る先生を内心快く思っていない先生はいると思います。

中原　例えば、そういった「変わりたがらない先生」にどう声をかけていきますか？

杉本　長時間労働を良しとするベテランの先生に、何らか働きかけるのは、正直言ってもう無理だと思います。逆に若い先生が長時間労働を続けているなら、まずは自分のできるやり方でいいと伝えます。今でもたまに若手の先生が残っていると、事情を聞いた上で、僕だったらこうするよ、とアドバイスすることが多いですね。

中原　人材育成的な視点が含まれていますね。

杉本　今年からは僕が野球部の部長にスライドして、昨年まで自分が担っていた監督をサポートする立場になりました。真面目に練習日程を詰め込む監督に対しては「お休みを取りや」と言ったり、具体的に自分が指導を代わったりして休ませたりします。以前他校と合同で活動していたこともありますが、自分たちの学校だけ休みにすることもありました。そんな時は「先生が休みたいからごめんな」「子どもとプール行きたいから」とハッキリ言っていました。

中原　先生のように、学生時代に熱心に部活動に励んでも、そうやって柔軟に思考を変えていける人と、経験そのままに厳しい指導を再生産してしまう指導者がいますが、その違いはどこにあるんでしょうか？

杉本 それは「成功体験の有無」だと思います。厳しいやり方だけで成功してきた人はそれを変えられません。僕の場合は、幸か不幸か勝っていかなかったから。それでも子どもたちは「先生、先生」と慕って寄ってきてくれました。

中原 「勝ち」にこだわるスタイルではなかったけれど、関わり方は間違えていなかったと。

杉本 子どもたちに合わせていった時の理想のサイズがあるということや、プロの育成と学校の部活動は違うということを考えていくうちに、目指すものが変わってきたと思います。

中原 子どもたちは、そういうスタイルに納得できるんでしょうか？

杉本 子どもたちには正直そこまで伝わってはいないかもしれません。ただ、指導する時は、かならず「なぜ」を同時に説明するようにしています。例えば、遠征に出かけたら野球のバッグはきれいに一列に並べると教えます。なぜだと思いますか？ 決して"ええカッコ"したいからではありません。あれは危機管理なんです。よその学校に行って野球のバッグがぐちゃぐちゃに乱れていたら、財布を盗まれていたって気づきません。でも、ビシーっと一糸の乱れもなくそろえて置かれていたら手を出しにくいし、試合前から隙のない印象を与えられる。そんな、やることとその意味をセットでまとめた手作りの「野球部の教科書」を配っています。

中原 子どもだってロジックが分かれば動くわけですね。それを言葉にできない人が、ただただ子どもをどついてしまう。

杉本　もちろん、「やれ！」と言っても簡単に動くわけではありませんが。
中原　学級経営や生徒指導でも全く同じことが言えますね。ただ、生徒指導なら子どもの言い分も聞きながら指導できるのに、グラウンドに出ると、いきなり「お前ら何してるんだ！」型の指導になってしまう先生もいます。
杉本　それが正しいと思っていない人もいれば、厳しくあたらなければならないと思っている先生もいると思います。

● これからの部活指導

中原　長年部活指導をされている立場から、部活動を取り巻く状況は変化していると感じますか？
杉本　少しずつ変わってきていると思います。やがて趣味の延長みたいな形に変化していくのではないでしょうか。もっと専門的に学びたい人はそういう環境を求め出て行って、お金を払って指導を受けるでしょうし、一方の学校の部活動は先生が運営しやすいサイズになるのではないでしょうか。ただし、それは中学校に限った話ですね。
中原　高校では少し事情が違いますか？
杉本　高校の部活動はまた少し違った縛りがあります。わかりやすいのが「甲子園」の存在です。生徒が怪我をおして出場したり、猛暑で熱中症が頻発しても真夏開催を死守したりする「甲子園」がドラマチックに語られている以上、部活動は変わらないように思います。
中原　死にそうになるまで戦って、やかんで水をかけられるのが美談として語られますからね（笑）。部活動にはびこる精神主義と企業に入ってからの長時間労働には共通するものがあるようにも思います。
杉本　もちろん仕事は責任があることだと思いますが、理不尽なことを経験しておかなければ仕事の耐性が身つかないという考え方は疑問に思うことがあります。
中原　「ビジネスパーソンとして大成したいなら、修羅場を踏まなければならない、日常、普通に仕事をして日々振り返りをしているだけではダメ、血反吐を吐くくらいは吐いておけ」という発想は今もビジネスの現場は色濃く残っていますね。でも、そうした風潮も徐々に変わってきています。

野球でもそれがまだ再生産され続けているようですが、中学校の先生はどうなっていくと思いますか？

杉本 ここ数年の見直しによって、働きやすくなっていくのではないでしょうか。まず、時間の制約ができたら、その中でやっていかざるを得ませんから。大阪市でも、最近留守番電話が導入されました。時間外の電話を受けずによくなった反面、こちらからかけにくくなったのも事実です。もしも20時からしか在宅していない保護者に連絡をとる必要ができたら、先生はプライベートの電話からかけるしかなくなってしまいますよね。一つ制約を設けたら、別の問題が出てくることは確かです。

中原 杉本先生は、これからも部活動指導を続けていきたいと思いますか？

杉本 自分のやり方でいいなら続けていきたいと考えています。ですが、「勝ち」にこだわって、それを強要されるようであれば、そのための指導法の勉強も足りていないし、そもそもそこに情熱を燃やし続けられるかわかりません。もちろん、勝たなくていいと思っているわけではありません。子どもたちを育て、「楽しい」と実感させた結果として勝てたらいいとは思います。もちろん、部活動指導をやらなくていいのなら、それもありかもしれません（笑）。他にもやりたいことはいくらでもあります。自分が勉強することだったり、子どもたちに個別指導したり……。国語科ですから、子どもたちと一緒に歯ごたえのある文学作品に挑戦してみるのも面白そうですね。

対談3
教職員の持続可能な働き方とは

住田昌治
横浜市立日枝小学校校長
1958年生まれ。校長として初めて赴任した前任校の永田台小学校でESD(持続可能な開発のための教育)に取り組み、同校は県内の小中学校としては初めて国連教育科学文化機関(ユネスコ)からユネスコ・スクールに認定された。サーバントリーダーシップを発揮しながら、職員一人ひとりの多様な生活、多様な働き方を大切にして「働き方改革」を推進。ESDの視点に立った先進的な取り組みに注目が集まり、全国から講演依頼や視察が相次ぐ。2019年1月には著書『カラフルな学校づくり』(学文社)が発刊された。2018年より現職。

● ESDは学校での日々の営み

中原 住田先生は前任校の横浜市立永田台小学校で、ESDの視点を盛り込んだ学びを実践されてきました。ESD——。一般の方にはちょっと耳なじみのない言葉かもしれません。

住田 Education for Sustainable Development(持続可能な開発のための教育)。難しく聞こえますが、要は、私たちの身の回りの問題(=持続可能な発展をはばむものを解消していく教育)を解決していくための教育のことです。

中原 一般的には環境問題や社会問題を持続可能な観点から見ていく教育だと考えている人が多そうですが。

住田 おっしゃる通りで、特に小学校の場合、地球規模の環境問題に取り組むことだと思われることが多いです。もちろん間違っていませんが、それだけ聞くと負担を感じる人もいそうです。取り組みのために、またやることが増えそうだと。それは各自や学校にとっては「持続可能」と逆行し

ていますよね。私にとっては、ESDは学校での「日々の営み」です。ケアの概念をもって学級経営や学校経営をしていくことだと考えています。簡単に言えば、学校全体に安心感や充実感を感じられるような雰囲気をつくることですね。今までやっていたことを「持続可能」という観点から見直して、より良い方向に進めましょうということです。

●「話を聞く」ところからのスタート

中原 永田台小学校では、どうやってその概念を浸透させていったのでしょうか？

住田 もともとESDをやりたくて校長になったわけですが、そんな「よくわからないもの」を持ち込もうとしても当然のように反対されるわけです。そこで、まずは子どもが変わる、学校が変わるという体験をしてもらおうと考えました。例えばその一つが「子どもが話を聞く」ということでした。

中原 志を高く持ちつつも、最初にあえて「低いハードル」を設定したということでしょうか？

住田 「低いハードル」といえばその通りですが、話を聞くことは、教育の基本だと思います。子どもたちが話をきちんと聞けている時は、学校は割と安定しているものです。ところが、これをないがしろにして、教員が研究に走ったり、話を聞いていない子を置き去りにしたりしていくと、どんどん学校が崩れていく。それが原因でさらに大変さが増していくという構図です。

中原 なるほど。成果は出ましたか？

住田 すぐに出ますね。例えば朝会。生徒たちがざわついている中で先生がしゃべっているような状態が変わってきます。みんなが静かに聞くようになる。クラスの授業も安定してきます。そうすると、授業の進み具合もスムーズになっていきます。

中原 まず1年目はベースの部分を整えたということですね。その上で次のステップはどういった課題をすえたのでしょうか？

住田 2年目は、基本的な生活の問題を見直していきました。あいさつする、時間を守る、学校をきれいにする、そんなことを地道に進めていく。

もちろん教科学習などができることも自信にはつながるんでしょうけど、あいさつみたいな取り組みは地域の方にも波及して、喜んでもらえるんですね。それが良い評判につながったりすると、子どもたちも「自分たちがやっていることはいいことなんだ」と自信を持ち始めます。それが先生方の自信にもつながり、好循環が生まれます。

中原 外部との連携などを始めたのもこの頃ですね。

住田 好循環が生まれたらしめたもので、そこに外から専門家を招くなど外部との連携を盛り込んでいきます。大学の先生も含め、ESDの視点を持ちつつ取り組んでいくと、教育活動の中に国際理解や社会問題的な視点が当然含まれていきます。それが日常的にできるようになったところで、「実はみんながやっていることはESDという概念だよ」と伝える。で、それと同時に、働き方改革も進めていました。

中原 最初に実践を積み重ね、成果が出たところで「これがESDって言うんだよ」と後づけで意味づけを行うわけですね。すばらしいリーダーシップです。ちなみに、次の課題は働き方改革ですか？ それは、先生の働き方についても持続可能か否かにフォーカスして考えていこうよと言ったということでしょうか？

住田 ユネスコが示したESDの国際実施計画では、ESDは、特別な領域の中だけでやることではなく、学校全体が持続可能かどうかという見方をしなければならないと記されていました。ですので、生徒の学び、行事、先生の働き方、その中の会議、学校が消費するエネルギー……さまざまなものがESDのターゲットになっていきました。

● "持続不可能" な働き方

中原 会議にしても、働き方にしても、先生の目からは何が「持続不可能」に見えましたか？

住田 まずは「言いたいことが言えない」「やりたいことができない」ということ。これでは、良い働き方はできません。今でいう「忖度」ですね。

中原 「言いたいことが言えない」と会議は長くなる？

住田 大抵長い（笑）。というか非効率ですね。例えば職員会議は、ただ

提案して、その是非を諮るようなことはやめましょうと。職員会議の前には企画会もあって、すでに同じことを議論しているわけです。みんな本音では無駄だと思っているのに、誰もそうは言わない。やること自体は学校教育法で決められているからやりますが。結構そういうことは多いですね。

中原 その当時の先生の働き方で、他に"持続不可能"に見えたものはありましたか？

住田 例えば、指導案検討ですね。検討を何度も繰り返す。ところが、検討と書き直しを繰り返すことで、本人が本来やりたかったことがどんどん失われていってしまう。しまいには、誰のための指導案だかわからなくなって、実際に授業をする頃には先生が疲れ果てているなんてこともあるわけです。子どもたちがその授業でどうなっているのか、一番大切なこともあまり話題にならなくなってしまう。

● **大切なのは、ふざけること、遊ぶこと、サボること**

中原 お聞きしていると、先生方は非常に真面目という印象ですね。

住田 大変真面目ですよ。ですから、私がいつも言っているのは、ふざけること、遊ぶこと、サボること。それができればもっと楽になるんです。でも、みんなサボらないんですよ。

中原 20代のうちはまだなんとかやりきってしまって、30代で初めて、「あれ、これは無理だぞ、死にそうだ」と気づく……。

住田 初任校の影響も大きいですね。そこが長時間労働だと、こんなものかなと思い込んでしまう。次の学校に異動した時に状況が違うと、初めてそこでこんなに楽で良かったのかと気づくとか。

中原 この手の話を聞くと、「俺の若い頃は11時間、12時間働くなんてあたりまえだった」と、若い人が熟達するには長時間労働が必要なんだと言い出すベテランがいそうですが。

住田 それはあくまでも人それぞれの経験上での話ですから、一般論としてはどうでしょうか。私なんかは1年目は毎日17時になったら上がっていたし、周囲もみな早く帰っていたようです。ただそれは初任校が大規模校で、先生方の間で教え合う雰囲気があったのだと思います。若手もすぐに

第5章 対談 〜現場から見た教員の働き方〜

205

聞けるような環境で育った影響は大きいはずです。

● トンネルの中から連れ出す

中原 僕の自宅近くにある小学校の職員室の電気が消えるのが21時くらいでしょうかね。知っている先生が能面のような顔で歩いているのに出くわして、何だか声がかけられなかったこともあります。疲れているけど疲れたと言えないということはありませんか？

住田 感情が麻痺してしまっているんですね。仕事をしている中で喜怒哀楽を出せない状態になってしまっているわけです。私はそれをトンネルに入った状態にたとえて話します。入っても行き先はわからない。早く出たいから、とにかく突っ走るんですね。それを見ていて、時々こっちに降りた方がいいよと道を作ったりするんですが、肝心の本人が出ようとしない。本来、暗いトンネルに入る前になんとかしなければならないが、入ってしまったら、もう壊すしかありません。

中原 行動経済学では、それをトンネリングと言いますね。トンネリングとは、トンネルの内部のことに集中がいきすぎて、トンネルの外側が全く見えなくなってしまうことです。トンネルを壊すためにどんな取り組みが可能でしょうか？

住田 冒頭でもお話ししたように、"外の人"を入れ、先生方とつないで、子どもたちの学びが広がっていく様子を実感させることですね。そうすると、先生方が自発的に色々なことをやり始めます。そこで発表の機会をつ

くったり海外研修に参加させたりします。ポイントは、校長ではなく、どんどん先生方を出していくところです。同時に、そうやって誰かが出ていても学校がうまく回るように、ケアの体制がある組織をつくっていく。

中原 外との交流、つまりトンネルの外に連れ出すことによって、学校と自宅の往復では見えてこなかったことが見えてきそうですね。

住田 先生たちも今のままではいけない、何かしなければとは思っています。その一方で、トンネルに入って走っている限りは、今まで通りにやっていけばいいわけですから安心な部分もあるわけです。

●トンネルから出た後のフォローが大切

中原 トンネルから連れ出して、これまでと違った風景を見てもらうと、先生方の窮屈感はなくなるものですか？

住田 違う場所に降り立って、新しい景色を見たら、みんなそう思いますよ。ただ、問題は、そこからいつもの学校に戻ってきた時です。研修も同じですね。その時はいいけれど、いつもの場所、受け皿が変わっていなければ、同じトンネルに逆戻りです。

中原 せっかく見た外の世界が逆に嘘くさく見えてしまいますね。

住田 先生方をトンネルの外に連れ出しつつ、学校も刷新しなければなりません。それを旧約聖書では「古い皮袋に新しいぶどう酒を入れるのではない。新しい皮袋に新しいぶどう酒を入れる」と言っています。時間数も変わらない、1クラスの児童数もそのまま、学校の古い文化、古い体質に、いきなり新しいものを持ってきても共倒れになるだけです。

中原 実際に変えなければならない学校や、そこでの働き方の慣行とはどんなものだと考えますか？

住田 働き方は文化だと思います。さっき話したように同僚性ならぬ同調圧力や非効率な会議はわかりやすいですね。本当の同僚性とは何かをみんなが共有したり、会議にワークショップ形式を取り入れて誰もが発言しやすい状況をつくったり。「今までやってきた」からそれが全てだという考え方を変えて、みんながもっと気持ち良く働くために「良い」と思えることを取り入れていかなければなりません。「古い皮袋」のままではせっか

く新しいぶどう酒を注いでもすぐに破れ、ワインは外に流れ出てしまいます。

● 校長自身が自分の思いを伝える

中原 先ほど、先生自ら「ふざける」「サボる」「遊ぶ」ことを勧めているとおっしゃっていましたが、真面目な先生方からの反発はありませんか？

住田 もともと真面目な校長がそんなことを言い出したのならともかく、私自身が先の三つを率先して実践しているタイプですから、違和感なく受け入れられているようですよ。弱みをさらけ出して常に本音で、伝えたいことは伝える。もちろんタイミングもあります。通常はボトムアップで進めますが、トップダウンで決めなければならない場合もあります。人がなんと言おうと覚悟を決めて行動することが大事です。自分の有り様を見せるということです。

中原 それは具体的にどんな言い方で伝えていくのでしょうか？

住田 働き方改革をやれとか、早く帰れではダメ。そんなメッセージは何の役にも立ちません。「私はこういう視点でこのように考えているが、あなたたちはどう考える？」と。学級通信みたいなものを通じて問いかけます。

中原 学級経営と同じですね。

住田 私たちの仕事は、直接何かを動かすのではなく、自分の思いを強くみんなに伝えることだと思います。強いリーダーシップとも言えるかもし

れません。校長や教務主任が具体的な目標や働き方改革プランをつくるケースなんかも見聞きしますが、先生の側は大抵「ご遠慮ください」と思っている。そしてそれを仕方なく進めるから疲弊していく。ますます職場は大変になる……。そんな中で教員の勤務時間を改ざんするような事件が生まれてくるわけです。

●着任してまずやったこととは

中原 例えば「やることが子どものためになる」ことを、「やらない」ことにすることに対して罪悪感を持つ先生もいます。減らすことに対する心理的嫌悪感はどう克服したらよいのでしょうか？

住田 確かに「やる先生」「○○を導入した先生」はいい先生だという評価を受けがちですね。だから、それをやめる時のエネルギーは多大に必要です。ですからわかりやすく説明していかなければならない。

中原 こういうことなんだと見せていかなければなりませんね。

住田 だから、私が着任初日にまずやったのは、校長室の机を捨てることでした。先生方は狭い職員室に詰め込まれているのに、一人でこんな広いスペースを占拠するのは無駄。空間ができたから、そこに誰でも使える丸テーブルを置きました。

中原 これがスクラップ・アンド・ビルドだと。

住田 大きくて邪魔なもの、不要なものを捨てて、そこに新たに便利なものを入れました。こういうことなんですよと。

中原 そういうことは、他にもいろいろ見つかりそうですね。

住田 例えば、行事予定を見ていって、運動会と授業参観が立て続けに予定されているとします。運動会を見にきてもらいたいなら、授業参観をやめてしまえばいいわけです。ところが、先生方にそう言うと、保護者にはすでに周知しているからやめられないと言われる。それなら、保護者に説明すればいいだけ。親の立場から見たら、そんな立て続けの予定は負担だったりするものです。変えると言ったら誰かの反対があるとか、自分が校長の代では変えられない、変えたら悪者になると思っているんですね。でも意外に悪者にならないものです。

中原 それは、変える必要性がわかっていないのではなく、変える必要は感じていながら変えられないと思っているということですね。

住田 その流れで、自ら持続不可能な選択をしていくこともある。本当はこちらがいいとわかっていながら、反対のものを選択してしまう。

●組織として学校を見てみると

住田 そもそも自分たちの学校でこれだけは絶対に譲れないというものが何かを議論する場が足りていません。

中原 軸がないから減らすこともできないのでしょうか。

住田 この学校は何を実現するために教育活動を行っているのかが共通理解になっていれば簡単なんですよ。学校教育目標が絵に描いた餅になってしまって議論の拠り所になっていない。そうすると拠り所や判断基準が「人」になってしまう。「あの人が言ったから」などとブレていくんですね。

中原 組織の理念とか目標は、「困った時」にこそ必要です。そもそも組織が何を目指していたのかと立ち返っていく部分がないと、正しい判断ができない。特にスクラップしていく取り組みは組織が揺れるところだから、組織目標を認識していないと厳しいですね。

住田 組織として成り立っていないと、結局校長の判断になるわけです。そして、先輩の校長や副校長、教務主任から学び、引き継いでしまって、何も変えられない。

中原 かつてのままのやり方が奏功することもありますが、その場合、前提条件として環境変化がないことが挙げられます。前の時代と環境が違っているのに同じやり方を続けるのは有効ではありません。

住田 そういう意味では、まずチョーク・アンド・トークの授業や、箱型の教室といったものが変わっていません。どこも一律に教室や職員室があり机が並んでいる。入れ物が変わらない上に、文化や制度が変わらない。そうなると今までのやり方を引き継いでいけば苦労がない。逆になぜ変えなければならないのかという発想にもなります。大変だ、疲れた、何とかしなくては、と思っているかもしれませんが、ただ、どうしていきたいのかを話し合うとか、一緒に考えてみるといった発想は出てきません。話し

合った経験がないのです。だから私の場合は職員会議でそれを考える時間を確保しています。私たちの働き方はどうなのか、生き方を考えてみようとかですね。それなしに、施策を進めることになっても「フレックスタイムなんてできるわけない」「留守番電話をセットしたら逆に大変」と具体的な施策の良し悪しでものを見ることになってしまうのです。本来は内側から意識を変えていき、「自分の学校をどうしていくのか」につながっていなければ、あまり意味がありません。

● **新任校にどこから切り込んでいくのか**
中原 先生は今年から新たな学校に赴任されたわけですが、ここ数カ月でどのように進めてきたのでしょうか。
住田 まずは私の思いを伝えるために語りまくる。ミニ講演会を続けています。まずは私という人間を知ってもらうことからです。さらに先生方には週案にコメントを書き込んで提出してもらっています。「疲れがピークです」「家族と話す時間がなくなっている」などの悩み相談、リフレクションなどさまざまで、私の発信したメッセージに対するフィードバックもあります。そういう媒体を利用して対話している状態ですね。それを続けているとやがて本音を引き出せる状況が訪れます。
中原 まるで生徒と先生のやりとりのようですね。
住田 学級経営と学校経営は入れ子状態ですね。誰も急激な変化は好みませんから、こういうやりとりをしながら、じわじわと修正を図りつつ、い

ろいろな面でメスを入れ、トンネルのところどころに空気穴を開ける。そしてタイミングを見て変革を起こそうかと。ただ、現在の学校は研究校です。人は変われど、研究を担っている学校に流れる空気はなかなか変わりません。

中原 すると、一回壊して何か新しいことを持ち込むということですか？ 創造的破壊とも言えそうです。

住田 「壊す」という表現は正確ではありません。今までやってきたことは大切にします。どこを一生懸命に取り組んできたのか、そこを見極めて、その周囲をざっと取り除く作業が必要です。

中原 以前、「望ましい一日」を先生方に書いてもらったと聞きましたが、個人起点のワークをどう学年や学校単位で展開するのでしょうか？

住田 それもタイミングですね。まずは学年内で共有できる雰囲気かどうかを見ていきました。それができてから次は学年間で共有という形で広げていきます。学年ごとにアクションプランを作って、この学年はこうしている、別の学年はそのいいところをもらいましょうなどと進めてお互いの意識を高めています。変化と言っても10分、20分退勤時間が変わる程度のことかもしれません。「今日はちょっとお先に帰ります」と気軽に言える雰囲気づくりが今の課題ですね。こういうのは優秀な校長がいた学校ほど難しいかもしれません（笑）。

●校長が替われば学校が変わる

中原 こうして見ると学校の変革にとって校長先生の存在はとても大きそうですね。

住田 校長が替われば学校は変わります。好循環も悪循環も生みます。悪循環を生むのは簡単です。なんでも人のせいにしていれば学校はどんどん悪くなります。人と対話を続けながら、課題意識を持つようにしないと何も変わりません。校長自身がそういう目を持つことが大切です。

中原 それは完全に組織開発のコンサルタントの仕事ですね。

住田 私はプレーヤーから早くに足を洗ったんです。幸か不幸か私は授業が下手くそだった（笑）。だから、先生方の授業にとやかく言うことはや

めました。マネジメントとリーダーシップの発揮だけに徹しました。

中原　住田先生はどこを見て仕事をしていますか？

住田　先生たちは子どもを見ていますが、私は子どもたちは一切見ません。では、どこを見るか。職員室、先生方を見るのです。

中原　文科省や教育委員会も見ない。

住田　その通りです。「だから、皆さんは講師や行政の方を見て仕事をしなくていいよ。私は皆さんが働きやすい環境を整えることに徹しますよ」と伝えています。

中原　スポーツのコーチや監督のようなイメージでしょうか。

住田　そうです。いつまでもプレーヤーと同じ気持ちでやっていると、チームは強くなりません。ところが教科中心で学校経営を進めていこうとする校長も少なくありません。しかも自分の専門の教科を中心に、です。

中原　伝統的な教育研究には、ある仮説が存在するような気がしています。それは、「学校の日常は授業だ。だから授業の変革は学校の変革につながる」といったものです。だから、変革のドライバーを授業と授業研究に求めたがる。もちろん、教科は専門性として持っていてもいいのですが、マネジメントや組織変革を一切取り入れず、教科教育の改善だけで引っ張っていくのは難しいと思うのです。

住田　全くその通りで、教員から管理職になる時に、マネジメントやリーダーシップを学ぶべきなんです。そこが十分でないから、「自分の専門は社会科だ。だから校長になったら、社会科の研究校にしよう。そのためには、研究ができる教員を育てていけばいい、発表会をやろう」という発想が生まれるんですね。

中原　人事的な側面から考えると、教科を限定することは、その教科の専門の先生にだけスポットライトをあてることにもつながりそうですが、他の先生はしらけないものですか？

住田　小学校の場合は全教科教えるので、どの先生にとっても役に立たないことはないのですが、度がすぎるとしらけますよね。その教科の中での上下関係もできますし、研究発表会などでは参加者が偏り、ここでもしらけます。

●校長と副校長・ミドルとの理想の関係

中原　校長と副校長、先生と主任など、ミドルとのつながりに注目するとどんなことが言えますか？

住田　まず、第一に、校長と副校長の二人は教育観を共にしていかなければなりません。もちろんそれぞれの仕事はありますが、対話をし続けることが仕事の要諦です。事務的な話は、言い方は悪いのですが、とりあえずこなしておけばいい。去年と同じもので良ければそれを使えばいいのです。一方で、学校や研究をどうしていくのかを徹底的に話し合います。私の場合は、赴任した直後に限らず、一年中話し合いを続けています。前任校では、副校長（教頭）が校長室に来ると２時間くらい話すなんてことがザラでした。そういう様子を見ると他の先生方は安心するようですよ。

中原　二人の仲を心配しているんですかね（笑）。

住田　事務的な話しかしない方も多いようです。基本的に副校長は職員室の担任です。直接先生方に何か言うよりも、副校長を通じて伝えることの方が多いですから、校長と副校長は最も密に話をしていなければならないのです。そして、だからこそ、副校長が忙しいのはダメですね。管理職はいつでも話ができるように人に仕事を振って、常に機嫌良くしていなければなりません。

中原　そうなると学校の雰囲気もかなり変わりそうですね。

住田　「ブラック」は、最近、周囲が感じとっている学校全体の雰囲気です。いかにそれをカラフルな状態に持っていけるかがチャレンジです。多様な人がいて、多様な働き方、生き方ができるか。それぞれが自分がやりたいことがやれて、言いたいことが言えて、人を認めたりケアしたりすることができることが大切です。ゆとりが持てる働き方、生き方が実現する学校づくり。持続可能な働き方というのは本来そういうことから生まれるのではないでしょうか。

中原　今、学校は「ブラック」とも形容されることもあります。「カラフルな学校」っていいですね。

特別対談
教育行政の立場から見た働き方改革

立田順一
横浜市教育委員会教職員育成課課長
1983年より横浜市立小学校教諭。副校長、同市教育委員会指導主事、校長などを経て、2017年より現職。

島谷千春
横浜市教育委員会教育政策推進課担当課長
2005年より文部科学省勤務。大臣官房、初等中等教育局等を経て、2017年より現職。

　中原研究室と共同研究を行っている横浜市において、教職員の働き方の改善に取り組む両課長から、教育行政の立場から見た働き方改革について語ってもらった。なお、教職員育成課は、教職員の人材育成の視点から働き方の改善に取り組んでいる。また、教育政策推進課は、「横浜市立学校教職員の働き方改革プラン」の作成を中心に、働き方に関するさまざまな施策の展開、全体統括を担当している。

立田　島谷課長は２年前に文部科学省から横浜市教育委員会に出向してきて、その直後から教職員の働き方の問題に取り組まれていますが、横浜に

2　http://www.city.yokohama.lg.jp/kyoiku/kyoiku-info/futankeigen/hatarakikataplan.pdf

来られた当初はどんな風に思われましたか。

島谷 働き方改革は「現場中の現場」の話だと思っています。現場のことがわからないと、絶対に有効な行政施策を実施することができないので、まずは学校の細部を知るところから始まりました。とにかく、学校現場に足を運び、先生方と話をし、朝から晩まで一つの学校に張りつかせていただいたこともありました。

立田 実際に学校の中へ入ってみて、印象はどうでしたか。

島谷 授業中は職員室には人が全然おらず、余剰人員が本当にいないなと改めて感じました。もちろん、教職員定数の厳しさは理解していましたが、実際に目のあたりにすると、想像を超えた厳しさを実感しました。たくさんの先生方とこれまで話をしてきましたが、「子どもたちのため」に献身的にどこまでも働く先生の姿はやはり印象的です。その働き方を否定するようなことはしたくないけれども、やはりこのままでは持続可能ではないという危機感とともに難しさも感じました。立田課長は教員出身ですが、そのあたりどうですか。

立田 私は大学を出てすぐ小学校の教員になりました。初任の時から通常の業務の他にミニバスケットボールの指導を任されて、放課後はほぼ毎日練習がありました。土日も練習や試合があって、中学校の部活の顧問と同じような生活をしていたと思います。当時はそれを苦には思わなかったですし、大会で良い成績をとれば子どもたちも保護者も喜んで、自分もやりがいを感じて……。また、ミニバスケットボールの指導者同士で人間関係もできて、そこが学校とは違うもう一つの居場所になり、自分の時間を使うことは苦にならなかったです。でも、結婚して子どもが生まれてからは生活が激変しますよね。自分自身がそういうことを経験しているので、子育てと仕事を両立できるようでなければいけないという思いはあります。

島谷 そうなんですね。教育委員会に来られてからはどうですか。働き方に関することで学校との違いはありますか。

立田 教育委員会に来て一番驚いたのは、指導主事になって最初に給与明細をもらった時ですね。基本給とは別に超過勤務手当がついていて、もうびっくりしました。自分自身、残業という感覚がそれまではなかったので

すから（笑）。今は教育委員会で管理職になっているので、職員の健康を守る意味でも、超過勤務については、すごく意識しています。でも、校長時代にそこまで考えていたかというと、そうではなかったような気もします。

島谷　やはり、生活や環境の変化は人の考え方が変わる上で影響が大きいかもしれませんね。私も小学生と保育園児の２人を抱えて仕事をしていますが、働き方は子どもが生まれて180度変わりました。もともと国の仕事も、度がすぎるほどの長時間労働があたりまえの世界だったので……。

立田　文科省に行くと、「仮眠室」という部屋があると聞きました。

島谷　私は仮眠室はさすがに抵抗があったので、執務室で椅子を３つぐらい並べて寝てました。

立田　そうですか（笑）。

島谷　子育てが始まるまでは「終わるまでやる」というスタイルで仕事をしていたんです。でも、子育てをするようになってからは、「何時までには必ず帰る」という絶対的な枠ができたので、目の前にあふれる仕事をどう優先順位をつけて進めていくべきか、業務によってどこまでの完成度を目指すかなど、タイムマネジメントという概念が完全に自分の中に入りました。テレワークをやったり、早出早帰りの勤務時間の変更をしてみたり、とにかく試行錯誤の日々です。トライ・アンド・エラーを続けながら自分なりの働き方を今でもずっと模索しています。私自身も以前は、仕事が変わらないのに働き方を変えるなんて絶対に無理だと思っていましたが、今

はある程度は変えられる部分はあるだろうと確信を持っています。

● 地域や保護者の意識

島谷 先ほど、校長時代のお話がありましたが、今現場にいらっしゃる管理職の方々の意識はその頃と比べて変わってきている印象がありますか。

立田 それは間違いなくあると思います。教職員も含めた過労死の問題や、働き方改革に関する国全体の動きなどもありましたので。2年ぐらい前までは、「業務を精選して、子どもと向き合う時間を確保しましょう」というのが目標でしたよね。勤務時間の総量は変わらないけれども、質を変えましょうということだったと思います。それが、教職員の労働時間そのものを減らしていかないと、結局はいい仕事もできないのではないか、というように変わってきたと思います。これは、ここ最近の変化の中で特に大きいと感じています。

島谷 そうですね。日本全国、どの業種でもこの「働き方改革」は必須であるため、各方面で意識が急激に高まってきていると思います。私は子どもが通う学校でPTAの役員を務めているのですが、その活動の中でも、教職員や学校の負担軽減という視点は自然と入るようになってきました。報道の影響もあって、「学校の多忙化」はずいぶんと保護者や地域にも伝わってきていると感じています。

立田 確かに一昔前は、「学校の先生って夏休みが長くてうらやましい」とか、「子どもが帰った後には、仕事はもうないんでしょ」という声もありましたが、今は「大変ですね」というように変わってきていると思います。何年か前に教育委員会から保護者向けに「教職員の働き方が厳しい状況なので見直したい」という主旨の通知を出した時には、「忙しいのは学校の先生ばかりじゃないんだ」という声もあったようですが、そういう風向きはずいぶん変わってきた気がします。

島谷 そこは全然違いますね。「働き方改革プラン」を出した時に、横浜市内にある18区の連合町内会長さんたちに説明をし、ご理解を求めてきましたが、反対する方は誰一人いなくて。皆さん、「何とかしてあげたい」と口々におっしゃっていました。逆に、「教育委員会が行う調査が多いん

だろう」って叱られたりしたぐらいです。やっぱり、学校をなんとかしてあげたいという思いは、地域の方も保護者もすごく持っていらっしゃるなと感じています。だからこそ、今はチャンスだなとも感じました。

●教員自身の働き方に対する認識と持続可能性

立田 PTAや地域の方は理解してくれていると思うのですが、意外に教職員自身が働き方改革に対して懐疑的だったり消極的だったりということは感じませんでしたか。

島谷 それはすごく感じました。「働き方改革プラン」を作る段階で、学校現場といろいろ調整をしている中、はじめは、「何でこんなことをやらなきゃいけないんだ」とか、「今までの働き方の何が悪いんだ」という声もありました。やっぱり、自分たちのやってきたことが否定されるような感覚はすごくあるんだろうと思いました。ただ、このままだと、将来的に教員を目指す人が誰もいなくなるという危機感や、今、これだけ若い教職員がいて、出産・子育て・介護に携わるような人が今後たくさん出てくるのに、長時間労働を前提とした働き方は持続可能ではないという話をした時には、「確かにそこはそうですね」と必要性を理解してくれました。今の働き方でも何とかなると思いがちなんですが、先々のことを考えると確かに厳しいということは、現場の先生方も気づいていました。

立田 今回の質問紙調査のデータでいうと、「仕事にやりがいを感じている教員」は約8割います。ところが「次の世代にこの仕事を勧めたいか」となると極端に数字が低くなり、3分の1の教員しか勧めたいと思っていません。また、教材研究の時間や、次の学習指導要領について学ぶ時間が足りないと感じている教員が圧倒的に多いというデータもあります。持続可能かどうかを考える時には、「次の世代の教員が育つのか」という側面と、「目の前にいる、未来を担っていくはずの子どもたちに対して教育活動が十分にできるのか」という側面があると思います。

●見える化と業務アシスタント

立田 共同研究を通して、具体的なデータを示すことで教職員の意識がだ

いぶ変わってきたという手応えを感じることがありますが、そのあたりについてはどうでしょうか。

島谷　「学校は忙しい」と感覚だけで言っても誰からも理解は得られませんし、教職員自身も自分がどれだけ働いているのかもよくわからないという状況があります。働き方改革を推進していく上で、とにかく「見える化」することは相当意識しています。勤務実態に関するデータやストレスチェックの数値、各取り組みの浸透度合いなど。普通は、突かれると痛いような数字は、あまり行政機関は出したがらないものですが、そこをあえてどんどん出していって、勤務実態を含め、行政・学校双方がしっかり現状認識をし、次の策を考えていくことが重要だと思っています。学校での取り組みは地道なものが多く、勤務時間縮減効果は小さいかもしれないけれど、確実に負担感を減らすものなど、小さな取り組みがたくさんあります。そういう各学校の取り組みも「見える化」していき、広めていくことが大切だと思っています。

立田　「見える化」ということでいうと、今までは出勤すると出勤簿に印を押して出勤札を返し、退出の時には札を元に戻すというアナログで行っていた出退勤管理を、昨年度からＩＣカードで管理するように切り替えました。在校時間が簡単に「見える化」できるようになったのは大きいと思います。

島谷　大きいですよね。個人のパソコンでも超過勤務が多い人にはアラートが出ますし、管理職も誰がどれだけ超勤をしているかがわかります。とにかく、「知る」ことから始めるというスタート地点に立ったという感じですね。

立田　極端に言えば、自分の勤務時間が正確に何時何分から何時何分までなのかとか、休憩時間がいつからいつまでなのかについて知らなかった教職員もいたというのが実態だったと思います。今回の、少なくとも19時までには退勤しましょうとか、在校時間は時計の針が一回りする（12時間）までにしましょうという取り組みは、ずいぶん浸透してきているような気がします。

島谷　そうですね。国の平成28（2016）年の勤務実態調査数字に比べれば、

横浜の状況はだいぶ改善傾向の数字が出ていると思います。出退勤管理も入って、学校長を中心に相当意識して、いろいろな呼びかけも学校内でされていて、できるところから業務改善が進み始めているのは確かだと思います。人や時間などの学校のリソースがどれだけあるかを意識した上で、業務の優先順位をどう考えるかという発想が大事だと思います。もちろん、それらにプラスして、教育委員会の施策として人的な配置をしたり、業務を効率化するためのシステムを導入したり、学校閉庁や留守番電話切り替えなど全市的な取り組みを進めたりすることも絶対的に必要です。それらの施策と現場の取り組みがうまくかみ合って、長時間労働の縮減に少しずつながって、負担感も減っていくのが理想的だと思います。

立田 人的配置といえば、職員室業務アシスタントは、どこの学校でもすこぶる評判がいいですよね。

島谷 本来は教員を1人増員するのに越したことはないと思います。ですが、業務アシスタントのすごくいいところって、今までの学校にはなかった「誰かに何かを頼むという文化」が生まれた点だと思います。教員以外の人が職員室に入ってきて、「あっ、こういうことを誰かに頼めるんだ」と思えるようになった。要は自分の仕事をいろいろな人と分け合って効率的に回していくという発想の転換につながったと学校現場からよく聞くので、非常勤のスタッフを1人入れたこと以上の効果があったなとすごく感じます。

●本質的な変化の難しさ

立田 その一方で、今やっている取り組みをやめることについてはなかなか難しいようですね。道徳の教科化や小学校のプログラミング教育など、新しいことはどんどん増えているので、何かを減らさなければと思うのですが、それでも今までやってきたことをやめるということには難しさがあります。

島谷 今の学校の「今までやってきたから」ということだけで教育活動を続けていくことを根本的に変えていく必要があると思っています。「自分の学校の目指すべきビジョンはこういうもので、子どもたちには、こういう資質能力を身につけてほしいから、こういうことに取り組みたい」という説明ができるかできないか。幹がしっかりしていれば、優先順位も自ずと見えてくると思います。そういう思考の転換ができるかどうかも、この働き方改革は問われていると思います。今まで「子どものために」と考えてやってきたとしても、子どもと共に時代も変化していますから、それに合わせてカスタマイズすることは当然求められていると思います。

立田 そもそも学校は何でも引き受けてきたところがあると思います。ヒアリングの中で印象的だったのが、例えば自分が全くの素人なのにある運動部の顧問がいないからということで、頼まれれば引き受けざるを得ないとか。また、子どものSNSのトラブルに加えて、最近は保護者同士のSNSトラブルがあって、その解決まで学校に求められるという話もありました。もちろん、直接的あるいは間接的に子どものためにもなるのでしょうが、考え方を変えていかないといけないでしょうね。

島谷 企業の働き方改革と違う難しさがそこにあると思います。学校の働き方改革を進める上では、地域や保護者の理解が必須です。例えば、就業時刻をすぎたら職員室の電話を留守番電話に切り替えていくような働き方改革の取り組みは、「学校はここまでですよ」という線引きをする行為でもあるので、市民からすれば「サービスの低下」という構図にもなります。そこをご理解いただくと共に、ある意味、子育てや教育活動の一部を地域や家庭に戻していくことにもなると思うので、すごく難しいですよね。そこは学校側から直接訴えるのは難しい部分もあるので、行政側も主体的に、

保護者や地域に対してご理解を求める努力をしっかりしていくべきだと思っています。

立田　教職員育成課は教員養成に関する取り組みも所管していて、現在、これまでよりも弾力的な教育実習のあり方について検討しています。例えば、教育実習の最後の週に研究授業をやることが、実習生にとっても指導する教員にとっても大きな負担になるので、もっと実習中の一コマ一コマの授業を大事にして、一点豪華主義になりがちな研究授業を見直しませんか、という提案をしています。教育実習の質が低下するのではないか、という声はありますが、変えるなら今のタイミングしかないような気がします。

島谷　本当に、やるに越したことはない取り組みは学校の中にいっぱいあります。でも、人や時間が無限にあるわけではないので、結局は何を減らすのか、ということになります。「減らす」発想はこれまであまりなかったものですし、何を減らすべきかは、各学校や地域によって異なると思います。各学校が軸をつくることが大切だと思います。どの業界も働き方改革の有効策を模索中です。トライ・アンド・エラーでまずはやってみることが大事だと思います。「働き方改革プラン」にも学校現場からのヒアリングをもとに40の取り組み事例を載せていますが、「こういうことをやってみよう」とか、「この辺にどうやら解決の鍵があるんじゃないか」といった具合に、可能性を一つずつ試していく姿勢がとても大事だと思っています。

●グッド・プラクティスの共有

立田　教育政策推進課では定期的に「働き方改革通信"Smille"」を出すことにより、ボトムアップで学校現場の良い取り組みを広めているという印象がありますが。

島谷　そうですね。トップダウンでは絶対にうまくいかないと思っています。他の業種だと、制度や罰則で縛りをかけられていますが、学校現場は、そういうやり方だとうまくいかないように思います。

立田　学校に勤務していた経験からも、それはそうだと思います。

島谷　一方で、先生たちはいったん腹落ちすると、そこからはすごく早いなと感じます。自分の学校にとって、あるいは子どもたちにとって必要だよねってわかると本当にすごく早いです。だからこそ、丁寧に丁寧に説明して、理解を求めていきたいですね。例えば、学校閉庁日の導入もトップダウンでやらずに、最初は様子を見ながら学校の自主性に任せてスタートしました。実際に始めてみたら、「どうやらやっても問題なさそうだ」と。それが口コミでどんどん広がって、結局、今はほぼ全ての学校が閉庁日を設けているという状況です。こういう流れが大事だなと思っています。

立田　どんな取り組みでも最初はそうですね。

島谷　留守番電話の件を学校側に提案した時も、最初は「そんなことして大丈夫なのか……」という感じでした。当然だと思います。結果、やってみたらなんてことなかったわけですが、そういう成功事例を積み上げていくことが、学校の後押しになることは間違いないです。

立田　「働き方改革通信"Smile"」を読むと、例えば16時45分（終業時刻）にチャイムを鳴らしましょうとか、子どもたちの登校時刻は教職員の出勤時刻を踏まえて8時15分から20分までにお願いしますとか、ボトムアップならではのアイデアに満ちています。ほかにも、プール清掃やワックスがけのアウトソースや卒業証書の押印作業の負担軽減をはじめ、学校現場の声によってさまざまな取り組みが進んできていますね。

島谷　行政側の我々が見えていないこともすごく多くて、こういうアイデアって、まさに現場から出てくるんですよ。なので、これは良さそうだというアイデアがあれば施策として実行できる余地があるか、よく検討しています。現場の声には宝が眠っているので。

立田　学校に限らず、「やりなさい」と言われたことには反発しやすいけれど、自分たちで納得したことは割と続けていきやすい。これは働き方改革にもあてはまるという気がします。

島谷　そうですね。将来的なことを考えると、そのうち、働き方改革の大きな流れやブームが一段落したとしても、教職員の時間というリソースを考慮して行政や学校が教育活動を展開すること、スクラップ・アンド・ビルドを基本とすることなどが視点としてあたりまえになる……。私はそれ

がこの働き方改革のゴールだと思っています。

立田 それに関連して言うと、横浜では他都市に先駆けて平成22（2010）年度に教員の育成指標を作ったのですが、今年度、その管理職版の見直しをしています。その改訂版の中に、管理職に必要な視点として「教職員の働き方や業務改善」を盛り込みましたので、今後はそれに基づいて管理職向けの研修を実施したり、管理職が取り組み目標を立てる時の拠り所にしてもらったりして、教職員の働き方を意識した学校経営に取り組んでもらいたいと思います。

島谷 教職員の働き方については、人事評価と切り離せないと思っています。学校に限らず、日本では、長時間、献身的に働く人を評価し続けてきたと思いますが、そうではないという姿勢を評価の視点からも示していくことも、すごく大事だと思っています

● **教育行政への期待と現実**

立田 短期的なことに話を戻すと、働き方改革の取り組みに関する反応の中に、「国や教育委員会が何とかしてくれないと、学校だけではどうしようもない」というものがあります。島谷さんもそういうことは感じられますか。

島谷 それは一面で真実でもあると思うんです。今の学校システムが制度疲労を起こしている部分は確実にあると思うので。変えるべきところは変えなければいけないという問題意識は強く持っています。必要性や効果が

高い部分に予算をつけ、施策として遂行するという、そういう制度の面からのサポートは、この働き方改革には必須です。意識改革だけに頼ることは間違っていると思います。

立田 ただ、今は国でも地方自治体でも予算を取ることはかなり難しい。ここは学校現場の方にはなかなか理解しづらいところだと思います。

島谷 厳しい財政状況の中、予算を取ることは本当に大変ですよね。限られた財源の中で、こちらの予算が増えたということはどこかが割を食っているという世界ですから。結局、どこにお金を回すかについては、国では特に、最後は政治の判断が大きいです。それが民主主義なので当然のことです。消費税増税が予定されていますが、その使途は、教育分野では高等教育と幼児教育の無償化です。義務教育は今回は対象外でした。そこも政治の一つの判断です。我々行政だけではコントロールができない世界です。だからこそ、今の学校の状態や危機感を、しっかりと世間に訴え続けていくことが重要だと思います。

立田 エビデンスをもとに説明や提案をしていくということになりますね。

島谷 現場から求められていることに全て「やります」と言えたらどれだけいいかと思いますし、それを具現化するすべを全ては持っていないという苦しさもあります。これまで、どんなに新たな負担軽減の施策を打ち出しても、学校現場からは「そんなことより、学校には人が必要なんだよ」と言われてしまい、そこで立ち往生してしまうことが続いていました。でも、そのままでは何も進まないので、やっぱり自分たちのできることを一

つでもいいからやっていくことで、変えていこうと。やれるところからやっていく。そういう積み重ねがあって初めて、「あれだけやったのに、なかなか超勤が減らないね」「やっぱり、そもそもの仕組みを変えようか」という方向に変わる力に必ずなっていくと思います。逆に言うと、今のまま、時間管理の感覚もコスト意識もないままで、「人が欲しい、予算が欲しい」と言っても世間に納得してもらうことは難しいと思います。だからこそ、今は学校現場も行政も、それぞれがやれることをやっていく必要があるんだと思います。

● **教育委員会の姿勢として**

立田 行政だからこそできることは何か、それから現場でやっていくべきことは何なのかについて、きちんと伝えていくことが必要ですね。

島谷 そうですね。トップダウンとボトムアップをどう使い分けるかが行政の肝だと思っています。先ほども言った通り、働き方改革は、一人ひとりの意識に関わる部分も大きいので、ボトムアップの重要性は非常に高いと思います。でも、トップダウンでやるべきこともちろんあって、例えば部活動の休養日などは不公平感が出てきてしまうので、全国的にトップダウンでやるしかないと思います。

立田 どちらか片方では、うまくいきませんね。

島谷 先生たちをアシスタントするスタッフを入れるとか、手作業でやっていたことをシステム化するとか。行政側で環境整備はできますが、もう一方で大事なのは、使う側の意識だと思うんです。「これもうまく使ってやろう」という意識があるかないかで、その効果、パフォーマンスが全然違うと思います。ですから、現場の意識と施策をうまくマッチさせて、相乗効果を出せるように仕組みをよく考える必要があると思います。両方がかみ合わないとうまくいかないので、そこは知恵の絞りどころだなと感じています。

立田 教員の立場から言うと、先ほどの超過勤務手当の話と同じで、なかなか理解しづらいところでもあると思います。でも、そういうコスト感覚を持ってもらうように、何が大事なのかを伝えていくのは、私たちがやる

べきことだと思います。

島谷　そうですね。

立田　それと、取り組みの全体像をつかんでもらうことも、教育委員会の役目だと思います。例えば、教員採用試験の倍率低下の問題など、学校教育全体の状況を踏まえてどうするかを考えてもらう必要があります。特定の行事とか部活とか、個別の問題として捉えると、「これは大事なんだから」という結論になってしまいがちです。それを全体像の中で捉えてもらえるように説明して、学校関係者に納得してもらえるかどうかが大切になってきますね。

島谷　すごく時間がかかるかもしれないけれど、そこは教育委員会としても今がチャンスととらえて、やるなら本気でやる、という姿勢を現場にしっかり見せていくことが大切だと思います。学校現場はそういうところを敏感に感じ取っていますから。本気で、必要性を感じて、前のめりにならないと、達成できない改革だと思っています。

おわりに

先生の温かい眼差しを子どもたちに

「今日は、もうあそぼか」。算数の時間、担任の先生がそう話すと、クラスの同級生たちと一緒に「いぇーい！」と歓声を上げました。校庭に出て、クラス全員で、ビニール袋をつないで気球を作ったり、大きなシャボン玉を作ってその中に入ったり……。先生は子どもたちのために、たくさんの企画を考え、楽しませてくれました。

　小学生の頃の思い出です。20年以上経った今も、その時の光景はありありと目に浮かびます。

　子どもにとって、親以外で最も身近にいる大人が学校の先生。明るく、面白く、時には厳しく……。お茶目でエネルギッシュな姿が、幼い頃に思い描いていた大人のイメージでした。

　これまで私は先生に恵まれてきたと思います。決して優秀な子ではありませんでしたが、勉強ができない時はスポーツで認めてくださり、進路に悩んだ時は親身に相談に乗っていただきました。先生からいただいた言葉の一つひとつが、今の私を形作ってくれています。

　私を育ててくれた先生の温かい眼差しを、次世代の子どもたちにも注いでほしい。切にそう願うからこそ、先生たちが生き生きと働く職場のために、何かできることはないかとこのプロジェクトに励んでいます。

　本書には、働き方に関して決定的な解決方法が示されているわけではありません。普段感じているけれどなかなか言語化しにくかったこと、何となく思いついていたアイデアなどを、データを見ながら整理し、明日からの働き方を考えてもらう入門書と位置づけています。本書が、働き方改善

の一助となれば幸いです。

　調査・研究は今後も続きます。プロジェクトチームでデータに基づき、研修の開発などを進めていく予定です。

　刊行にあたり、多くの方々からご指導、ご支援をいただきました。皆様のお力添えのおかげで、書き上げることができました。この場をお借りして、お世話になった方々に対して御礼の言葉を申し上げたいと思います。

　まず、本書の元になっている調査研究にご協力いただいた横浜市の教員の方々に心より御礼申し上げます。多忙な中で、調査に応じてくださり、多くの質問にご回答いただきました。分析を進める中で、データから先生たちの子どもに対する愛情を読み取ることができ、目頭を熱くすることもありました。また、インタビューに応じてくださった先生には、話しにくいことも含めて、真摯に本音を語っていただきました。心より感謝申し上げます。

　また、本書を世に送り出してくださった毎日新聞出版の皆様。特に編集者の久保田章子さんには、分析結果が出て、真っ先に書籍化のお話をいただき、最後まで伴走していただきました。心より感謝致します。

　本書の監修者で、指導教官でもある中原淳先生にも深く感謝致します。未熟な私をいつも高みの舞台へ引っ張り上げようとしてくださいます。調査結果を「現場にお返しする」という研究の志を育んでくださいました。感謝の思いは尽きません。

　中原研究室の皆さんにも多くのご指導・ご支援と励ましの言葉をいただきました。特に、島田徳子さん、舘野泰一さん、脇本健弘さん、木村充さん、関根雅泰さん、保田江美さん、伊勢坊綾さん、吉村春美さん、高崎美佐さん、田中聡さん、浜屋祐子さん、齊藤光弘さん、伊倉康太さんに感謝

申し上げます。研究者としての礎を築き上げてくださいました。

　プロジェクトチームの皆さんにも多大なご尽力をいただきました。横浜市教育委員会の立田順一さん、柳澤尚利さん、外山英理さん、松原雅俊さん、根本勝弘さん、飯島靖敬さん、野口久美子さん。議論を尽くし、細やかな業務も含め、関係各所において膨大な調整作業を一手に引き受けてくださいました。飯村春薫さんにも分析でサポートいただきました。深く御礼申し上げます。

　もう一人の編著者である町支大祐さんにも感謝致します。長期にわたり、手を動かしながら議論し尽くして来ました。生意気なことを言ったことも少なくありませんでしたが、広い心で受け止めてくださいました。苦しい時に笑って乗り越えられたのも、町支さんの支えがあってこそでした。

　また、仕事でお世話になっている公益社団法人「チャンス・フォー・チルドレン」の皆様にも、深く御礼申し上げます。調査・研究を進めるにあたって、ご理解、ご支援いただきました。

　研究や原稿執筆にあたり、さまざまなご支援をいただいた藤岡彩さん、大野寛人君にも感謝申し上げます。

　最後に、丈夫な体に産み育て、陰ながら見守ってくれている両親、応援してくれている妹たちにも感謝致します。

　ここにはお名前を載せられなかった方を含め、これまで支えてくださった全ての方々に感謝申し上げます。皆様本当にありがとうございました。

2019年2月
立教大学池袋キャンパスにて

辻和洋

世に問う研究者でありたい

　告白しますが、私自身「働き方改革にモヤモヤする人」の一人でした。かつて私は中学校で働いていました。残業・土日出勤はあたりまえで、その生活に不満も疑問もなかったのが正直なところです。今は現場を離れましたが、自分がもし学校にいたら、働き方改革にはうんざりしていたと思います。愛する職場が「ブラック」扱いされ、勝手に働き方が規定されるのは受け入れがたく、部活動に関する言説も誤解と偏見だらけに見えました。実際、このプロジェクトが始まってからしばらくして、私は中原先生に離脱を申し入れています。しかし、今となっては、踏みとどまって良かったと思っています。

　考え方が変わったきっかけはいくつかあります。一つは、序章のルポの中で語られた「親としても教師としても中途半端」という言葉。私には娘がいます。妻は中学校教員、自分も長時間労働に陥りがちの生活です。そんな生活の中で見た、冒頭の言葉。目を背けてきた、娘に対する懺悔の念が沸き起こりました。子どもを自分の仕事の犠牲にしているのではないか。そんな申し訳なさ、やるせなさ、それらが凝縮された言葉であるように感じました。このやりきれない気持ちを抱えながら働いている人がたくさんいるのなら、改善に何か貢献したい、と考えるようになりました。

　次に、データ。私自身は部活動に熱心な教員でした。しかし、調査結果にもある通り、中学校教員の63.1%が部活動を「教員が担わなくてもいい仕事」に選んでいました。自分の考えが独りよがりだったのではないか、そう考えるようになりました。今でも、基本的には部活動は「学校がやることに意味がある」と思っていますが、以前のやり方に固執することは不可能と考えます。とすれば、これからのあり方をみんなで改めて考えていく必要があるのではないか。そう思うようになりました。

　最後は、SNS上の言説です。いま、SNSを見ると、働き方に関する熱心な発言がたくさんあります。しかし、その中には他の教員や教育行政に対する罵詈雑言の類もかなり含まれています。それらを見て、さまざまな疑問が湧きました。働き方改革が、むしろ職場に亀裂を生んでいるのではな

いか。改革を推進する方々にこの現状が見えているのか。また、プロジェクトを続ければ、自分自身もそれに与する側に見られるのではないか。プロジェクトから離脱したい気持ちが高まっていました。そんな時、中原先生からの言葉がありました。「何かに強い疑問を感じているのなら、その行く末を他人に任せるのではなく、自分で世に問うていくのが研究者ではないのか」。胸にずっしりと響く、重みのある言葉でした。私は踏みとどまることに決めました。

　中原研究室に関わるようになって６年経ちますが、自分なりに学んだことの一つに「評論家にならない」ということがあります。外から見て、自分の名前を隠し、安全地帯から評論することは簡単です。そうではなく、時には現場の流れの中でもがきながら、研究者としてのスキルや知見を生かし、「主役」である現場の人たちが何とか前を向いて歩いていける、そのヒントになる知見を提示すること。先生の意図はどうかわかりませんが、この姿勢を学ばせていただいたことが私にとっては大きかったです。今回の研究は、これらを体現していたと言えます。働き方にはいろいろな考え方がありますので、おそらく、この本もさまざまな方面からご批判を受けることでしょう。それでも、この話題を傍観せず、踏みとどまって、世の中と一緒に考えていくきっかけづくりに携われたことを、ありがたく思いますし、誇りに思います（……と、言いながら、数カ月後にはものすごく後悔しているかもしれません）。

　最後になりますが、かなりの時間を一緒に過ごしてきた辻和洋さんに感謝いたします。あの手この手で私を盛り上げながら（イジリながら、とも言う）、一緒に奮闘してくださってありがとうございました。楽しかったです。辻さんがいなければ、この本は世に出なかったと思います。

　横浜市教育委員会の立田順一さん、柳澤尚利さん、外山英理さん、松原雅俊さん、根本勝弘さん、飯島靖敬さん、野口久美子さんにも感謝いたします。さまざまな考え方に配慮しながら、それでも強くて熱い思いで現場の先生方を支えていこうとする皆様に、たくさんのことを学ばせていただきました。かつて、現場は「学校にある」としか思っていませんでしたが、現場は「教育委員会にもある」ことを教えていただきました。

執筆の過程を支えてくださった、毎日新聞出版の久保田章子さんにも感謝いたします。バシッと駄目出ししてくださりありがとうございました。久保田さんとの会話の中で気づかされたことがたくさんありました。

　研究方法等についてご指導いただきました、東京大学勝野研究室・立教大学中原研究室・マナビラボの先生方・先輩方、ありがとうございました。自分の方向性がわからなくなって愚痴を言ったり悩んだりしていた時、的確なアドバイスをくださったり、背中を押してくださいました。

　また、働き方についての真摯な意見を聞かせてくださった、たくさんの現場の先生方、ありがとうございました。特に、かつて一緒に働いてきた皆様からは、たくさんのヒントをいただきました。未だに仲良くしてくださり、現場のリアルを教えてくださることに感謝してもしきれません。そして、その現場のリアルを最も身近なところで体現してくれている妻にも感謝しています。私自身の働き方が重大な問題であることは十分に自覚しています。３年前の書籍の時にも博士論文が書けていないことを懺悔しましたが、今回もまだ書けていません。引き続き心配をおかけしますが、なんとかこれからも一緒に人生を歩んでいただけたらと思います。

　最後になりますが、中原先生、ありがとうございました。研究者として生きて行く上での大切な部分を、身近に先生を見ながら学ばせていただきました。（これからももちろん一緒に研究させていただける機会があればありがたいですが）今後は、自分自身で自らの舞台をつくっていかなければならないと思います。その時はまた、厳しくも温かい言葉でツッコミいただけたら幸いです。

　最後まで読んでくださった皆様にも感謝いたします。本書が、皆様の働き方を考える、そのきっかけの一つになれば幸いです。

2019年２月

　　　　　　　　　　　　　　　　　　　　　　　　　　町支大祐

［執筆協力］
立田順一　横浜市教育委員会事務局　教職員人事部　教職員育成課　課長
柳澤尚利　横浜市教育委員会事務局　教職員人事部　教職員育成課　主任指導主事

［プロジェクトメンバー］
外山英理
松原雅俊
根本勝弘
飯島靖敬
野口久美子
飯村春薫

［編集協力］
岩瀬直樹
杉本直樹
住田昌治
島谷千春

[編著]

辻和洋 （担当：序章、第 2 章、第 4 章、第 5 章）

立教大学大学院経営学研究科博士課程（中原淳研究室）在籍。武蔵野大学グローバル学部非常勤講師。公益社団法人Chance for Children運営webメディア「スタディ通信」編集長。東京大学大学院学際情報学府修士（学際情報学）。1984年京都府京都市生まれ。関西学院大学総合政策学部を卒業後、読売新聞社に入社。その後、産業能率大学総合研究所を経て、2018年より独立。専門は人的資源開発論、ジャーナリズム論。主な著書・論文（共著含む）に『人材開発研究大全』（東京大学出版会）、「調査報道のニュース生産過程に関する事例研究」（『社会情報学』Vol.7 No.1）など。

町支大祐 （担当：第 1 章、第 3 章、第 4 章、第 5 章）

立教大学経営学部助教。法政大学通信教育部兼任講師。東京大学大学院教育学研究科修士課程修了、博士課程単位取得満期退学、修士（教育学）。1980年広島県呉市生まれ。東京大学経済学部卒業後、筑波大学附属駒場中高等学校講師、横浜市立中学校教諭を経て、研究の道へ。青山学院大学助手、東京大学特任研究員を経て、2018年より現職。専門は教師教育、教育経営学。主な著書（共著含む）に『教師の学びを科学する』（北大路書房）、『人材開発研究大全』（東京大学出版会）など。

[監修]

中原淳

立教大学経営学部教授、博士（人間科学）。東京大学卒業、大阪大学大学院修了、メディア教育開発センター助手（現・放送大学）、米国マサチューセッツ工科大学客員研究員、東京大学准教授などを経て、2018年より現職。専門：人材開発・組織開発。主な著書に、『職場学習論』『経営学習論』『人材開発研究大全』（以上、東京大学出版会）、『研修開発入門』『組織開発の探究』（以上、ダイヤモンド社）、『残業学』（光文社）など多数。

データから考える教師の働き方入門

印　刷	2019年2月15日
発　行	2019年2月28日
編著者	辻　和洋
	町支　大祐
監修者	中原　淳
発行人	黒川　昭良
発行所	毎日新聞出版

〒102-0074
東京都千代田区九段南1-6-17　千代田会館5階
営業本部　03（6265）6941
図書第一編集部　03（6265）6745

印刷・製本	中央精版印刷

ISBN978-4-620-32539-2

© Kazuhiro Tsuji, Daisuke Choshi, Jun Nakahara 2019, Printed in Japan
乱丁・落丁はお取り替えします。
本書のコピー、スキャン、デジタル化等の無断複製は著作権法上での例外を除き禁じられています。